CliffsNotes™

다락원
논술노트
011

순수의 시대

The Age of Innocence

이디스 워튼

다락원 WILEY
Publishers Since 1807

세계의 교양을 읽는다

고전을 왜 읽는가?

인간의 삶과 세상에 대한 영원한 물음이 있기 때문이다. 시대와 사상을 뛰어넘어 지금 여기 우리에게 필요한 물음이 없는 고전은 더이상 고전이 아니다. 인간과 삶에 대한 근원적인 물음 없이 고전을 읽는다면 자신과 인간에 대한 성찰과 지혜로 이어지지 않는다. 논술 시험 때문에, 과제물 때문에, 아니면 남들이 읽으니까, 나도 읽는다는 식이라면 그 책은 죽은 책일 수밖에 없다.

고전을 살아 있는 책으로 만드는 이 '물음!'에 답하기 위해서는 좋은 길잡이가 필요하다. 40년 이상 미국의 고교생과 대학 주니어들이 시험, 에세이 작성, 심층토론 준비를 위해 바이블처럼 애용해온 'CliffsNotes'와 'SPARKNOTES'는 바로 그런 좋은 길잡이의 표본이다. 이 두 시리즈가 원조 논술연구모임인 '일이관지(一以貫之)' 팀의 촌철살인적 해설을 곁들여 〈다락원 논술노트〉로 재탄생해 논술로 고민중인 대한민국 학생 여러분을 찾아간다.

CliffsNotes와 SPARKNOTES의 가장 큰 장점은 방대하고 난해한 고전을 Chapter별로 요약하고 분석해서 원전의 내용에 보다 쉽고 체계적으로 접근하는 신속·간편성이라고 할 수 있다. 여기에 '一以貫之'팀이 원전의 중요한 문제의식, 즉 근원적 '물음'은 무엇이며, 그 '물음'은 오늘날에도 여전히 유효한가, 라는 질문을 다시 던진다.

대입논술로 고민하고, 자칭 타칭의 고전이 넘쳐나는 오늘의 독서풍토에서 지적 정복이 긴박한 대한민국 학생들에게 감히 이 시리즈를 자신 있게 권한다.

—以貫之 논술연구모임 연구실장 이호곤

CliffsNotes와 SPARKNOTES는 방대한 원작을 보다 쉽게 이해할 수 있도록 돕는 안내서입니다. 원작 이해를 돕기 위해 작가와 작품에 대한 배경지식, 그리고 매 장마다 간단한 '줄거리'와 '풀어보기'가 실려 있습니다. '줄거리'를 통해서는 원작의 내용을 명쾌하게 파악함으로써 독서의 즐거움을 느낄 수 있을 것입니다. '풀어보기'에는 원작에 담긴 문학적 경향, 등장인물의 심리상태, 시대상, 주제 등을 설명해 놓았습니다. 비판적 글읽기의 바탕이 되는 요소들이죠. 비판적 글읽기는 소설과 비소설 작품을 막론하고 책을 읽을 때 꼭 필요한 자질입니다.

그 밖에도 작품을 좀더 심오하게 분석할 수 있도록 '마무리 노트', 'Review' 등을 마련해 놓아 독자 여러분의 글읽기를 돕고 있습니다.

CliffsNotes에는 특히 관심을 갖고 읽어야 할 필수요소를 강조하기 위해 다음 네 가지 아이콘을 사용하고 있습니다.

 주제 탐색 작품 속에 내재된 주제를 드러내줍니다.

 인물 탐색 등장인물의 속내를 알 수 있도록 도와줍니다.

 문학적 장치 배경, 분위기, 열정, 폭력, 풍자, 상징, 비극, 암시, 불가사의 등의 요소를 밝혀줍니다.

 문체 탐색 단어와 문구의 미묘한 느낌을 감상할 수 있도록 해줍니다.

* 〈　〉는 장편소설, 중편소설, 논픽션, 시집. " "는 수필집, 단편소설

❍ 일이관지(一以貫之) 논술 노트

권말에는 一以貫之 논술팀에서 작성한 논술 노트가 실려 있습니다. 원작을 우리의 삶과 연계시켜 비판적 사고와 논리적 글쓰기의 방향을 제시합니다.

❍ 실전 연습문제

실전 연습문제를 통해서는 원작을 바탕으로 출제 가능성이 높은 논점을 함께 숙고해 봅니다.

작가 노트

유복한 어린 시절

부유한 귀족가문에서 태어난 이디스 워튼 Edith Wharton은 〈순수의 시대 The Age of Innocence〉에서 묘사한 부류의 사람들 가운데에서 자랐다. 결혼 후에는 미국과 유럽을 오가며 지냈는데, 점차 해외에서 생활하는 시간이 많아졌다. 노년에는 동료작가들과 교제하며 미국 문단의 귀부인으로 인정받았다.

이디스 뉴볼드 존스 Edith Newbold Jones는 조지 프레드릭과 루크레셔 라인랜더 존스의 딸로 1862년 1월24일 뉴욕시티에서 태어났다. 네덜란드와 영국 식민지 개척자의 후손인 부모는 부동산, 선박운수업, 은행업으로 부를 쌓은 사회명사였다. 이디스의 어머니는 딸의 작가활동을 탐탁해 하지 않았다. 훗날 이디스는 어머니가 체면에만 신경을 쓰는 냉정한 사람이라고 생각했고, 만년에는 거의 만나지 않았다. 이디스 위로는 나이 차이가 많은 두 오빠, 헨리(1850년생)와 프레드릭(1846년생)이 있었다. 그들의 생활은 하인들과 마차들, 사교 에티켓으로 꽉 들어찼다. 지적이고 감수성이 뛰어났던 이디스는 이처럼 유복한 어린 시절의 기억에서 훗날 유한계급의 생활을 다룬 작품의 집필에 많은 영감을 얻었다.

몇 차례 재정적 실패를 겪은 그녀의 가족은 1866년부터 1872년까지 생활비가 덜 드는 스페인, 이탈리아, 프랑스,

독일을 여행했다. 이디스는 열 살 이전에 독일어, 이탈리아어, 프랑스어를 익혔다. 1872년 미국으로 돌아온 가족은 뉴욕 시티 웨스트 23번가에 살면서 로드아일랜드 주 뉴포트에서 여름을 지냈다. 그녀는 학교에 다니지 않고 대신 아버지 서재에 있는 많은 책을 읽었고 여자 가정교사의 가르침을 받았다. 1878년에는 시집을 써서 자비로 출판했다. 애틀랜틱 먼슬리의 편집장 윌리엄 딘 하우웰즈는 그녀의 시 한 편을 자기 잡지에 게재했다. 그녀가 초기에 쓴 글은 주로 가난한 사람들의 가혹한 생활을 상상한 내용이었다. 이디스가 1879년 사교계에 데뷔할 당시에는 여러 편의 초기작품 집필을 마친 상태였다. 1880년 가족은 유럽으로 돌아갔고, 아버지는 1882년 칸에서 세상을 떠났다.

결혼과 우울증

1883년 21세 때, 그녀는 바 하버에서 하버드 졸업생이자 변호사인 월터 베리를 만났다. 베리는 그녀의 문학적 관심에 공감했고, 그녀의 생활에서 많은 부분을 공유했다. 그녀는 자신의 집필방식이 자리 잡도록 도와준 공을 그에게 돌렸다. 전기작가들은 두 사람의 관계에 대해, 그녀 쪽에서는 기대를 품었으나 베리가 청혼을 하지 않았다고 전한다.

그녀는 1885년 에드워드 로빈스('테디') 워튼과 내키지 않는 결혼을 했다. 그녀와 비슷한 사회적 배경을 가진 워튼은 그녀보다 열두 살 많은 보스턴의 은행가였고, 1873년 하버드를 졸업했다. 그러나 워튼은 이디스의 문학적 · 예술적 관심에 공감하지 않았다. 이 시기에 그녀는 밴더빌트 가문과 애스토 가문 같은 벼락부자들을 관찰하면서 뒷날 부유층의 생활에 관한 여러 작품의 집필을 위해 구체적인 자료를 모았다. 그녀와 테디는 뉴포트에 '랜즈 엔드'라는 저택을 구입했고, 뉴욕시내의 파크 애비뉴에 있는 아파트에 살면서 해외여행을 다녔다. 두 사람은 아이를 낳지 않았다. 1894년 그녀는 처음으로 심각한 신경쇠약을 앓았다. 전기작가들은 이 신경쇠약을 사회적 지위와 작가로서의 야심 사이에 생긴 갈등과 결부시킨다. 불행한 결혼생활도 한 원인이다. 여행은 우울증을 누그러뜨리는 데 도움이 되었고, 프랑스와 이탈리아에서 여러 달 머무는 동안 여러 가지 집필구상도 했다. 뿐만 아니라 그녀는 이때 유럽에 푹 빠져, 평생 이곳을 열렬히 좋아하게 되었다. 1896년 그녀는 건축가 친구인 오그덴 코드먼과 첫 번째 작품인 〈가옥의 장식 The Decoration of Houses〉을 출판했다. 이 책은 장식이 풍부한 빅토리아식 저택을 균형, 조화, 비례를 강조하는 단순한 고전적 디자인으로 바꿀 것을 권하고 있다. 이 무렵 시를 몇 편 더 썼고, 이 시들은 스크리브너즈라는 잡지에 게재되었다. 또한 〈위대한 습성 The Greater Inclination〉이란 단편집도 썼다.

여행, 정열, 그리고 예술계 친구들

1900년대의 첫 2년 동안 워튼 부부는 매사추세츠 주 레녹스에 여름별장을 짓고 '더 마운트'란 이름을 붙였다. 이디스는 원예에 큰 관심이 있었고, 정원은 매우 넓었다. 소설가 헨리 제임스가 이 시기에 그녀의 평생친구가 되었다. 역시 부유한 가문 출신이었던 제임스는 여행을 많이 했으며 파리와 영국에서 생활했다. 그는 이디스의 역설과 해학적 감각에 공감했다. 워튼 부부는 시어도어 루스벨트도 만났다. 그가 뉴포트를 방문했을 때였다. 그의 두 번째 부인이 이디스의 먼 친척이었기 때문이다. 훗날 이디스는 루스벨트가 윌리엄스 대학에서 명예박사 학위를 받는 행사에 참석하기도 했다. 루스벨트는 롱아일랜드 주 사가모어에 있는 워튼 가의 만찬에도 모습을 나타냈는데, 〈순수의 시대〉에도 등장한다. 이 몇 해 동안 이디스는 첫 번째 소설 〈결정의 계곡 *The Valley of Decision*〉을 썼다. 1903년에는 잡지기사의 자료취재를 위해 이탈리아를 여행했고, 중편소설 〈성역 *Sanctuary*〉을 집필했다.

1904년에는 헨리 제임스와 영국을 두루 여행했다. 삶의 일부가 된 유럽 자동차 여행 중 그 첫 번째였다. 그녀는 파리의 포부르 셍제르맹에 아파트를 한 채 마련했다. 그 후에 남편이 보스턴에 정부(情婦)를 두고서 자신의 돈을 유용하고 있다는 사실을 알아챈다. 그녀는 홀로 영국을 방문했다가 런던 타임즈 기자인 모턴 플러턴과 혼외정사를 시작했다. 플러턴은 그녀가 일생 동안 가장 사랑한 연인이 되었고, 그 관계를 통해 결혼생활에서 맛보지 못한 정열을 발견했다. 그 몇 년 동안 그녀는 〈이탈리아식 별장과 정원 *Italian Villas and Their Gardens*〉, 〈인간의 유래 *The Descent of Man*〉, 그리고 〈환락의 집 *The House of Mirth*〉을 출판했다. 〈환락의 집〉은 물질주의가 만연한 뉴욕 시티에서 생존을 위해 부자와 결혼하려고 애쓰는 아름답지만 가난한 여자 릴리 바트에 관한 사회풍자 소설이었다.

이 기간 동안 이디스는 해외에 이주한 미국 미술가와 작가는 물론 헨리 제임스, 헨리 애덤스*, 부르제**, 지드, 콕토 같은 문인들과 교류했으며, 또 한 권의 단편집인 〈사람들과 유령들 이야기 *Tales of Men and Ghosts*〉를 발표했다. 1910년에 그녀는 파리로 돌아왔다. 그녀의 남편 테디는 1928년 사망할 때까지 우울증으로 고통받았다. 1910년과 1913년 사이에 워튼은 〈그 겨울의 끝 *Ethan Frome*〉, 〈암초 *The Reef*〉, 〈그 지방의 관습 *The Custom of the Country*〉을 출간했다. 그녀는 1913년 이혼했고, 여생을 프랑스에서 보냈다.

---

* **헨리 애덤스**(Henry Adams, 1838-1918): 미국의 역사가·작가·정치가. 객관적이고 풍자적인 문체로 유명하며, 자서전 〈헨리 애덤스의 교육 *The Education of Henry Adams*〉으로 사후에 퓰리처상 수상.
** **부르제**(Paul Charles-Joseph Bourget, 1852-1935): 프랑스의 소설가. 주요 작품으로는 과학만능주의에 의한 정신의 위기를 파헤친 〈제자〉, 〈역마을〉 등이 있다.

제1차 세계대전과 노년

1914년 워튼은 미국의 참전을 촉구했고, 전쟁난민들을 돕기 위해 여러 가지 노력을 기울였다. 그녀는 미국 난민호스텔과 플랜더스 어린이구조위원회를 설립했다. 모금을 하고, 군대병원을 방문했으며, 마른 전투와 이프레 전투 후 파리로 들어온 난민들을 위해 숙소, 일자리, 식사를 제공했다. 그녀는 〈집 없는 사람들의 책 *The Book of the Homeless*〉을 집필해 작가와 미술가들에게 헌금을 요청했고, 그 수입은 난민구호에 썼다. 프랑스 정부는 이러한 공로를 인정해 그녀에게 레종 드뇌르 훈장을 수여했다. 1918년 워튼은 파리 인근지역에 저택을 구입했고, 만년을 이곳과 프랑스 남부에 있는 성을 오가며 살았다. 그녀의 전쟁체험에서 나온 소설들 가운데는 〈마른 전투 *The Marne*〉(1918), 〈프랑스식과 그 의미 *French Ways and Their Meaning*〉(1919), 〈전선의 아들들 *Sons at the Front*〉(1923)이 있다. 그녀는 전후 파리를 찾는 미국인들의 행동이 천박하다고 느꼈기 때문에 두 번째 책은 미국인들에 대한 프랑스인의 태도를 설명하기 위한 시도였다. 그녀는 미국인들의 지나친 행동을 혐오했지만 시간이 가면서 1870년대 뉴욕 사람들의 편협한 사회규범조차도 문명화된 가치관을 전승하는 능력을 갖고 있다는 면에서 어느 정도 가치가 있다는 생각을 했다. 한편, 그녀는 미국의 여류문인으로 더욱 유명

해졌고 이 몇 해 동안 여러 차례 상을 받았다. 1920년 〈순수의 시대〉가 출판되고, 1921년 퓰리처상을 받았다. 2년 뒤 워튼은 예일 대학교로부터 명예박사 학위를 받기 위해 마지막으로 미국을 찾았다. 1924년에는 미국예술문학협회로부터 금메달을 받았는데, 여자로서는 최초의 영예였다. 이어 5년 동안 여러 편의 주요 작품을 출판했다. 그 가운데 한 편인 1925년 작 〈소설작법 The Writing of Fiction〉에서는 동시대 작가 다수의 작품을 논하면서 자신의 집필방식을 자세히 설명했다. 〈순수의 시대〉는 연극으로 각색되어 뉴욕의 엠파이어 극장에서 막을 올려 207회의 공연을 했다. 1920년부터 1933년까지는 파리의 작가 및 미술가들과 교류하며 많은 시간을 보냈고, 1934년에는 자서전 〈회상 The Backward Glance〉을 출판했다. 1935년 그녀는 가벼운 뇌졸중을 일으켰으나 다음해 다시 집필을 시작해 〈세상의 너머 The World Over〉를 내놓았다. 1937년 오그덴 코드먼의 성을 찾았던 그녀는 또 한 차례 뇌졸중을 일으켜 8월11일 세상을 떠났다. 마지막 작품 〈해적 The Buccaneers〉은 매리언 메인웨어링이 완성해 사후에 출판했다. 워튼은 1934년에 그 작품을 쓰기 시작했는데, 주제 면에서 〈그 지방의 관습〉과 유사하다.

작품 노트

제목의 역설

　〈순수의 시대〉를 집필했던 1919년 늦은 여름과 1920년 3월 사이에 50대 후반이었던 이디스 워튼은 출판업자들이 많이 찾는 작가였다. 유럽에서 제1차 세계대전을 겪었고, 전쟁의 가공할 파괴력을 목격한 워튼은 독자들의 생각을 남북전쟁 직후의 시기로 돌려놓았다. 이 시기에는 미국의 팽창, 강화된 산업주의, 철도로 인해 발생한 부에 힘입어 밴더빌트 가문, 애스토 가문 같은 벼락부자와 금융가 집단이 탄생했다. 다른 신흥 부자 가문들은 뉴욕 시티에 거대한 저택을 짓고, 뉴포트에서 기성 부자들과 함께 여름을 보내기 시작했다. 뉴욕 사회는 처음에 이 벼락부자들(New Rich)을 거부했지만 그들은 사회개혁과 자선사업에 온갖 재능을 발휘함으로써 사회적 계급을 상승시켰다. 또한 결혼을 통해 기성 부자들 사회에 진입하기 시작하면서 훗날 워튼의 소설에 묘사된 혼합가문들이 나타났다. 〈순수의 시대〉는 이러한 변천이 초래한 갈등을 보여준다. 중심 주제는 '관습적으로 인정된' 규칙들을 따르는 '올바른' 사람이 되는 것, 그리고 받아들일 만한 가문들끼리 혼인하는 것이다. 작품의 등장인물과 실내장식, 의상, 예법, 배경무대, 태도는 과거 부자들 속에서 살았던 작가의 유년시절과 소녀시절의 세계를 반영한다.

　그 동안 〈순수의 시대〉에 대한 해석과 반응은 시류에

발맞춰 변화했다. 이 소설이 처음 출판되었을 때 독자들은 메이와의 결혼을 성사시키겠다는 뉴랜드의 결정을 지지했다. 메이가 엘렌에게 임신했다고 했던—그렇게 해서 그녀는 자신의 결혼을 지켜낼 수 있었다—거짓말에 대해서는 너그럽게 눈감아주거나 적절한 행동으로 간주했다. 그리고 '또 다른 여자' 엘렌은 동정을 받지 못했다. 〈순수의 시대〉가 퓰리처상을 받은 1921년 심사위원회는 이 소설이 "미국의 건전한 생활 분위기와 미국인들의 예의범절 및 남성적 미덕의 가장 높은 기준을 표현했다"고 발표했다. 심사위원들이 제목의 역설과 1870년대 뉴욕 사회에 대한 비판을 알아차리지 못하자 워튼 자신조차 깜짝 놀랐다.

현재 이 작품은 '현대적인' 소설로 높이 평가받고 있다. 엘렌은 독립심 강한 여자로서 보다 큰 공감을 받고 있으며, 메이의 속임수에 대한 비판은 늘고 있다. 여권주의자들은 엘렌의 독립심과 가치관을 찬양한다. 해석은 다양하지만 삼각애정 소설에 대한 지속적인 갈채로 인해 〈순수의 시대〉는 시간을 초월한 고전이 되었다. 1990년대 초에 제작된 스콜세즈 감독의 영화가 소설의 인기를 더욱 높여주었다.

워튼은 등장인물들이 지닌 여러 가지 동기에 대한 다채로운 해석에도 불구하고 불행한 연인들의 처리방법을 놓고 큰 어려움을 겪었다. 한때는 뉴랜드와 엘렌을 함께 도피시키기로 결정했지만 뉴랜드는 결국 가정으로 돌아갔다. 왜냐하면 그는 유한계급의 가치관을 버릴 수 없었기 때문이다. 또 다른 선택은 뉴랜드와 엘렌이 플로리다에서 단기간 함께 지내도록 하는 것이었다. 뉴랜드는 거짓된 생활에 불행을 느끼게 되고, 엘렌은 유럽으로 돌아간다. 워튼은 뉴랜드와 엘렌의 결혼도 고려했으나 훗날 엘렌은 덜 편협한 유럽을 선택하고 그를 버린다. 결국 워튼은 두 사람을 헤어지도록 한다. 개인의 의무와 사회 질서라는 더 큰 선을 위해 개인적인 행복을 포기하는 과정을 보여주려고 두 사람의 사랑을 이용한 것이다. 참을성이 있고 유서 깊은 과거세계의 가치관은 새로운 세기의 편의주의에 자리를 내주었고, 독자는 득과 실을 따지며 책을 덮는다.

줄거리

1870년대 뉴욕 시티의 1월 어느 날 저녁, 상류사회 사람들이 오페라를 관람하고 있다. 변호사이자 사교가인 청년 뉴랜드 아처는 곧 자신과 약혼하게 될 메이 웰랜드가 밍고트 가족석에 앉아 있는 모습을 올려다본다. 그때 메이의 사촌인 엘렌 올렌스카 백작부인이 도착하자 당혹감을 느낀다. 자유분방한 백작부인은 부유한 폴란드인 남편과는 별거상태였다. 뉴랜드는 험담이 나오는 것을 막기 위해 그날 밤 열리는 보포트의 무도회에서 자신과 메이의 약혼을 발표하기로 결심한다.

그 무도회에 뉴욕의 기성 상류사회 사람들이 죄다 참석

해 엘렌에 대해 뒷얘기를 한다. 얼마 후 밍고트 가에서 엘렌을 사교계에 소개시키기 위해 만찬을 계획하지만 초대를 받아들이는 사람이 아무도 없다. 밍고트 가는 기성 뉴욕 사교계가 거절할 수 없도록 지체 없이 사회 명망가인 헨리와 루이자 반더 루이든에게 도움을 청한다. 이러한 방법으로 그들은 엘렌을 소개하고, 그녀는 뉴욕 사교계가 파리에 비해 편협하다는 사실을 알아채고는 아주 재미있게 생각한다. 다음날 뉴랜드가 시내의 보헤미아 지구에 있는 엘렌의 작은 집을 방문한다. 그는 그녀가 수상쩍은 금융가 줄리어스 보포트와 만나는 것을 불안스럽게 생각한다. 뉴랜드는 그녀가 외롭다는 것을 깨닫고, 다소 신경이 쓰이면서도 노란색 장미를 보낸다.

밍고트 가문은 뉴랜드가 백작부인을 설득해 이혼을 포기하도록 하려고 뉴랜드의 사장인 레터블레어에게 도움을 청한다. 뉴랜드는 조용하고 순진한 약혼자 메이와 달리 열정적이고 이국적인 엘렌과 이야기할 때 사랑을 느낀다. 뉴랜드는 유혹에 굴복하게 될까봐 메이의 가족이 휴가중인 플로리다로 급히 가서 메이에게 결혼날짜를 앞당기자고 요구한다. 놀란 메이는 '다른 사람'이 생겼으면 마음이 가는 곳을 택해도 좋다고 말한다. 그녀의 이기심 없는 태도에 감동한 뉴랜드는 뉴욕 시티로 돌아간다. 그가 엘렌에게 사랑을 고백할 때, 메이의 전보가 도착한다. 한 달 이내에 결혼이 가능하다는 내용이다. 뉴랜드는 자신이 어떻게 행동해야 할지를 알고 있다.

〈순수의 시대〉 제2권은 뉴욕 사교계가 지켜보는 가운데 메이와 뉴랜드가 결혼하는 장면으로 시작된다. 1년 뒤, 뉴랜드와 메이는 뉴욕의 따분한 상류생활에 젖어 부유한 동네에 살며 다른 부자들과 함께 뉴포트에서 여름을 보낸다. 엘렌은 워싱턴으로 이사했다. 그녀는 잠시 자기 할머니와 함께 지내려고 돌아오지만 얼마 후 보스턴을 방문하기 위해 떠난다. 아직도 그녀를 잊지 못하는 뉴랜드는 아내에게 거짓말을 하고 엘렌을 따라 보스턴으로 간다. 엘렌은 자기들이 은밀한 정사로 메이에게 상처를 주는 행위만 하지 않는다면 미국에 머물겠다고 말한다. 그녀는 워싱턴으로 돌아간다. 한편 줄리어스 보포트의 수상한 금융거래는 대가를 치르게 되고, 그의 부인 레지나는 엘렌의 할머니에게 도움을 청한다. 밍고트 부인이 뇌졸중을 일으키자 간호를 위해 엘렌을 부른다. 기차역에서 엘렌과 함께 마차를 타고 오는 2시간 동안 뉴랜드는 그녀에게 연애를 하자고 제안한다. 두 사람의 연애가 메이에게 상처를 줄 것을 아는 엘렌은 거부한다. 그는 갑자기 마차에서 내려 집으로 돌아간다. 그는 서재에 있는 메이를 보면서 자신이 그녀와의 결혼의무를 영원히 지키리란 것을 깨닫는다.

뉴랜드는 다음날 메트로폴리탄 박물관에서 엘렌과 만난다. 그곳에서 마침내 엘렌은 앞으로 한 번의 정사를 갖는 데 동의한다. 뉴랜드는 기쁘면서도 한편으로 죄의식을 느끼며 모든 사실을 메이에게 고백하기로 결심한다. 하지만 그때 그녀가 엘렌은 유럽으로 떠날 것이며, 아처 가에서 고별만찬을 갖게 될 것이라고 말한다. 놀란 뉴랜드는 나중에 엘렌을 뒤따라 가려고 생각한다. 만찬 때 뉴랜드는 메이를 포함한 모든 가족이 그와 엘렌의 정사를 기정사실로 생각한다는 것을 불현듯 깨닫는다. 엘렌에게 유럽에서의 생활자금을 제공하는 것은 이런 사태를 처리하는 가문의 방식이다. 그날 밤 메이는 자신이 임신했으며 그 사실을 이미 엘렌에게 밝혔노라고 털어놓는다. 고백할 당시에 메이는 아직 임신사실을 확인하지 않은 상태였다. 그러나 이제 그녀는 임신을 확신하고 뉴랜드의 운명에 영원한 봉인을 찍는다.

많은 세월이 지나간다. 뉴랜드는 57세가 되었고, 메이와의 사이에 장성한 댈러스와 메리를 두고 있다. 메이는 얼마 전 어린 셋째 아이를 간호하다 폐렴으로 세상을 떠났다. 뉴랜드는 업무차 댈러스와 함께 파리를 방문한다. 그곳에서 댈러스는 엘렌 올렌스카 백작부인이 두 사람을 만찬에 초대했다고 말한다. 뉴랜드는 그녀를 26년 동안 만나지 못했다. 뉴랜드가 의무 때문에 유일한 사랑을 희생시켰노라고, 메이가 임종하면서 고백한 사실을 댈러스가 아버지에게 이야기한다. 그날 저녁 백작부인의 아파트 밖에서 뉴랜드는 댈러스에게 혼자 올라가라고 말한다. 뉴랜드의 기억 속에서 두 사람은 영원히 젊고 완벽하며, 세월이 흘렀어도 변하지 않은 상태로 남아 있다.

등장인물

뉴랜드 아처 *Newland Archer* 메이 웰랜드와 결혼하는 뉴욕의 청년 변호사. 소설의 시작부터 끝까지 성실과 개인의 자유 사이에서 갈등하며, 편협한 인습에 얽매인 생활과 결혼을 선택한다. 엘렌 올렌스카 백작부인을 사랑하게 되지만 의무 때문에 열정을 억누른다.

메이 웰랜드 아처 *May Welland Archer* 뉴랜드와 결혼해 인습적인 생활에 정착하는 젊은 사교계 여성. 사사건건 어머니의 지시를 따르고, 부유층과 사교계의 갖가지 태도를 대변한다.

엘렌 올렌스카 백작부인 *Countess Ellen Olenska* 캐서린 밍고트의 손녀딸이자 메이의 사촌. 부유한 백작과 결혼했으나 유럽 생활을 버리고 뉴욕 사교계로 돌아온다. 인습에 얽매이지 않는 자유분방한 생활로 뉴욕 사교계에서 물의를 일으킨다. 각종 사회적 제약에서 벗어난 자유로운 생활을 상징.

맨슨 (캐서린) 밍고트 부인 *Mrs. Manson (Catherine) Mingott* 엘렌의 할머니로, 유럽과 미국에서 반반씩 생활하는 부유한 미망인. 그녀의 태도와 행동의 일부가 인습에서 벗어나고, 지나치게 뚱뚱하지만 사생활이 깔끔해 뉴욕 사교계 사람들의 비난을 사지 않는다.

헨리와 루이자 반 더 루이든 *Henry and Louisa van der Luyden* 조상이 미국 독립 이전부터 미국에서 살아온 기성 부자가문들의 으스스한 상징이며 사교계의 취향을 결정하는 가문. 백작부인이 올바로 처신하는 한 뉴욕 사교계가 그녀를 받아들이도록 만든다. 지방의 대농장인 스쿠이터클리프와 극소수의 선택된 사람들만 초대받는 저택을 도시에 소유하고 있다. 그들이 밝히는 여러 가지 견해에 반대하는 사람이 없다.

메도라 맨슨 *Medora Manson*   엘렌의 부모가 세상을 떠난 뒤 후견인이 된 이모. 인습에 구애받지 않고 유럽과 미국에서 엘렌을 키웠다. 괴팍한 성격과 여러 차례의 결혼, 재정적인 실패, 여행을 뉴욕 사교계는 너그럽게 보아준다. 왜냐하면 부유한 계급에서 태어났고 상궤를 벗어난 행동에도 불구하고 '그들 중' 한 사람이기 때문이다.

아처 부인과 제이니 아처 *Mrs. Archer and Janey Archer*   뉴랜드의 어머니와 노처녀 누이. 두 사람은 함께 살고 있으며 시간이 지날수록 점점 더 닮아간다. 두 사람은 뉴랜드에게 헌신적이고 사람들에 관한 소문을 이야기하기 좋아한다. 아처 부인은 독선이 강하다. 특히 사회적 행위에 독선적이다. 제이니는 숨은 낭만주의자. 이들 모녀는 저녁식사를 하며 부유층 사람들에 관한 불미스러운 소문을 실러턴 잭슨으로부터 들을 때면 자기네 인생관에 만족감을 느낀다.

로렌스 리퍼츠와 실러턴 잭슨 *Lawrence Lefferts and Sillerton Jackson*   소설 속에 등장하는 뉴욕 사교계 사람들의 취미와 가족역사에 대한 의견을 이야기한다. 리퍼츠는 도가 지나친 호색한이지만 남자이고 기성 부자 계급이기 때문에 뉴욕 사교계는 그를 용납한다. 노처녀 같은 험담꾼 잭슨은 소문을 퍼뜨릴 수 있는 기회를 놓치는 법이 없으며 하나하나의 불미스러운 사건을 자신의 뉴욕 가문 50년 역사와 결부시킨다.

줄리어스와 레지나 보포트 *Julius and Regina Beaufort*   부인이 기성 부자가문이기 때문에 기성 뉴욕 사교계는 두 사람의 혼인을 묵인한다. 그는 부유하기 때문에 재정적 불법행위의 배경과 여러 차례 불륜행위는 무시된다. 그의 과시적인 생활방식과 불미스러운 처세는 험담꾼들에게 양념이 되고, 소설 대부분에서 엘렌 올렌스카의 뒤를 따라다닌다.

네드 윈세트 *Ned Winsett* 뉴랜드의 친구이며 실패한 언론인 겸 비평가. 철저히 편협하고 인습적인 사회생활을 저버릴 경우 일어나는 사태를 상징한다.

등장인물 관계도

네드 윈세트
(언론인; 보헤미안적 생활방식의 상징)

친구

뉴랜드 아처
(사회규범에 따라 살아가는 뉴욕의 청년 변호사이며 신사. 메이와 결혼하지만 엘렌 올렌스카 백작부인을 사랑하게 된다.)

아들, 남동생

아처 부인과 제이니
(뉴랜드 아처의 어머니와 누이로, 그에게 헌신적이고 소문 이야기를 좋아한다.)

친척

결혼

연인

헨리와 루이자 반 더 루이든
(구 귀족의 후손인 두 사람은 뉴욕의 사회적 예의범절의 결정자이다.)

메이 웰랜드 아처
(뉴랜드와 결혼하는 젊고 순진한 사교계 여성. 당시 뉴욕 사교계의 인습을 상징한다.)

사회의 지원자들

사촌

웰랜드 부부
(너그러운 부모로서 메이를 완벽한 상류사회의 아내로 양육했다.)

딸과 사위

며느리

엘렌 올렌스카 백작부인
(인습의 밖에서 사는 독립적인 여성. 부유한 폴란드인 남편 곁을 떠났으며 뉴욕 사람들에게 불미스러운 소문의 장본인이다. 뉴랜드 아처에게는 자유를 상징한다.)

맨슨 밍고트 부인
(비만하고 부유한 미망인이며 전세계를 여행하고 귀족들 및 외교관들과 친하다. 엘렌을 지지한다.)

이모, 후견인

메도라 맨슨 부인
(결혼을 여러 차례 하고 성격이 괴팍한 엘렌의 이모. 여행을 즐기며 뉴욕 사교계는 그녀의 행동을 묵인한다.)

Chapter별 정리 노트

제 1 권

Chapter 1

 뉴욕 사교계의 쇼케이스, 아카데미 오브 뮤직

때는 1870년대 초 1월 어느 날 저녁, 장소는 뉴욕의 보수적인 기성 부호들이 서로를 구경하고 보여주기 위해 모이는 공연장 아카데미 오브 뮤직이다. 오페라는 〈파우스트〉이며 관객들은 무대를 주목하면서도 뉴욕의 유서 깊은 일류 가문들의 전용 특등석에서 벌어지는 재미나고 극적인 사건들도 눈여겨본다.

젊은 변호사이자 사교가인 뉴랜드 아처가 느지막이 고상하게 도착한다. 그는 자기와 곧 약혼하게 될 메이 웰랜드가 가족들과 함께 앉아 있는 맨슨 밍고트 부인의 특등석을, 자기 친구들처럼 유심히 살핀다. 뉴랜드는 처녀를 상징하는 메이의 흰색 의상, 장갑, 꽃에 공감하면서 흐뭇한 기분으로 바라본다. 그의 마음은 신혼여행의 은밀한 관계로 비약하고, 그녀를 결혼생활의 성적인 즐거움에 입문시키는 남편의 역할을 곰곰이 생각한다.

뉴욕 사교계의 신사 로렌스 리퍼츠와 실러턴 잭슨이 뉴랜드와 함께 앉아 있다. 리퍼츠는 사회적 예의범절의 전문가인 반면, 잭슨은 가문들의 관계, 특성, 추문에 관한 정보의 권위 있는 소식통이다. 두 신사는 밍고트의 특등석을 놀란 듯한 눈초리로 응시하고 있다. 낯선 여자가 방금 들어와 뉴랜드의 여자친구 가까이 앉았던 것이다. 뉴욕 사교계 명사들이 모이는 이곳에 그녀의 출현을 허용한 밍고트 부인의 결정에 사람들은 의문을 느낀다.

:풀어보기

1장은 〈순수의 시대〉의 배경이 된 1870년대, 작가가 살았던 뉴욕 사회구조의 윤곽을 이루는 역설과 위선의 색조를 설정한다. 묘사가 풍부한 첫 번째 장에서는 기성 뉴욕 사교계의 질서와 행동규범, 피상적 가치관, 그 테두리 안에서 서로 반응하게 되는 중심인물들을 소개한다.

문학적 장치 독자는 하나의 주제를 보기 시작한다. 즉, 뉴욕 사교계는 똘똘 뭉쳐 어머니에서 딸로, 아버지로부터 아들로 전해지는 행동규범을 따르면서 긴밀하게 얽힌 가문들로 이루어져 있다. 워튼은 19세기 말 미국의 호황시대를 문화적으로 상징하는 아카데미 오브 뮤직에서 소설의 막을 올린다. 워튼은 아카데미의 건물, 좌석배치, 후원자들의 행동에 관해 매우 정확한 지식을 갖고 있다. 기성 뉴욕 사교계의 구성원들은 아카데미 오브 뮤직을 자기네 계급을 재생산하고 계급내부의 혼인을 촉진하는 데 이용한다. 따라서 사교계에 처음 나오는 여자들은 특등석의 뒤쪽 좌석에 다소곳이 자리 잡고, 결혼한 부인들은 앞쪽에 앉아 보석류를 과시한다. 이러한 방식으로 다른 사람들이 보석류를 제공한 남편들을 부러워할 수 있고, 남편들은 자기네가 소유한 아내를 자랑할 수 있다. 용의주도하게 정해진 사교의 계절 또한 기존 부자들이 통제력을 유지하는 한 가지 방법이다. 왜냐하면 주제넘은 벼락부자들이 자기네 계급 안으로 뚫고 들어오려 하기 때문이다.

인물탐색 독자들은 뉴랜드의 눈을 통해 1870년대 뉴욕 사교계를 바라본다. 뉴랜드는 자신을 국제적인 인물로 생각한다. 하지만 그가 '프랑스 오페라의 독일어 대본 가사를 스웨덴 가수들이 부르고… 영어권 청중들의 명확한 이해를 위해 이탈리어로 번역된 것'을 받아들이는 태도를 설명함으로써 워튼의 의견은 그렇지 않다는 것을 얘기한다. 이는 워튼이 농담을 하는 것이지만 뉴랜드는 그것을 전적으로 이해할 수 있다고 생각한다. 그는 '청색으로 자기 이름 첫 글자 두 개가 장식된 두 개의 은제 브러시로 가르마를 타고', 사회적으로 용납되는 치자 꽃을 단추구멍에 꽂는다. 뉴랜드 아처는 모든 면에서 체제에 순응하는 태도를 뚜렷이 보여준다.

이디스 워튼은 결혼과 관련해서 사교계가 신봉하는 이중 잣대를 폭로한다. 뉴랜드와 곧 약혼하게 될 메이는 '과거'가 없는 처녀이고, 흰 옷에 은방울꽃을 들고 있다. 그에 비해 뉴랜드는 앞서 2년 동안 결혼한('안전한') 여자와의 교제를 통해 얻은 성적 체험에 자부심을 느낀다. 메이는 완벽한 상류층 신부감이다. 뉴랜드의 역할은 그녀에게 '남성들의 존경을 유도하는 한편, 재미있게 그것을 자제시키는' 사회적인 요령과 재치, 기교를 훈련시키는 것이다. 뉴랜드가 자신의 허영 속으로 아주 깊이 파고들면 성지식 많은 아내가 훨씬 더 세련되고 즐거움을 적극 추구하리란 점을 깨달을 것이라는 워튼의 발언은 역설적이다. 그녀는 시종일관 뉴랜드의 각종 견해를 끌어내리는데, 이는 사회적 위선을 폭로하는 데 목적이 있다.

인물탐색 뉴랜드는 '인습적인 것'을 확산시키는 데 비해 메이 웰랜드는 순수함이 돋보인다. 얼굴을 약간 붉힌 채 앞으로 나앉은 메이는 그녀가 이해하지 못할 가능성이 높은 가사로 이루어진 오페라를 보고 있다. 워튼은 늙고 노련한 파우스트가 젊고 아름다운 시골 처녀 마르게리테와 사랑에 빠지는 괴테의 연극에 바탕을 둔 오페라를 의도적으로 선택했다. 마르게리테의 순진함은 메이 웰랜드의 순진함과 비교된다. 메이는 마르게리테를 유혹하려는 파우스트의 여러 노력을 이해하지 못한다. 그러나 그녀가 뉴랜드의 꽃다발을 보고 얼굴을 붉힐 때에는 낭만적인 순수함이 돋보인다.

문학적장치 이 모든 움직임을 지켜보는 두 조연급 등장인물의 존재는 소설 전체에서 워튼이 강조하려는 사회적 위선이란 주제를 보여준다. 로렌스 리퍼츠는 소설 속에서 가장 위선적인 인물 가운데 한 사람이다. 사회규범을 깨는 사람들을 재판하는 그는 자신이 깬 바로 그 규범에 의해 나중에 보호를 받는다. 실러튼 잭슨은 고상한 체하며 매사에 까다롭게 굴고 허세를 부리며 자만하는 빅토리아 시대 인물이다. 그는 소문과 험담을 퍼뜨리는 데 뛰어나다. 리퍼츠와 마찬가지로 관객들의 행동을 살피고 평가하는 데 자신의 오페라 안경을 사용한다. 소설 속에서 이 두 사람은 시종일관 줄거리를 전개시키는 단어와 행동을 제공하게 되며 때로는 자기네 사회집단이 잘못된 가정(假定)을 하도록 원인을 제공하기도 한다.

Chapters 2, 3

 엘렌을 소개받는 뉴랜드

뉴랜드는 남자관객들이 밍고트의 특등석을 유심히 바라보자 당황한다. 그는 사랑하는 메이를 불미스러운 소문으로부터 보호하기 위한 일련의 행동을 결정하려고 애쓴다. 그는 수수께끼의 귀부인이 최근 유럽에서 온 메이의 사촌 엘렌 올렌스카 백작부인이란 것을 알게 된다. 그녀는 남편 곁을 떠나 할머니인 노 밍고트 부인과 함께 지냄으로써 불명예를 자초했다. 뉴랜드는 사적인 가족간의 정은 좋다고 인정하지만 웰랜드 가문이

집안의 '말썽꾼'과 함께 공개적으로 그것을 내보이지 않기를 바란다.

뉴랜드는 다른 남자들이 엘렌의 과거에 관해 농담하는 것을 듣고 더욱 당황한다. 그는 막이 끝나는 무대 신호를 기다렸다가 충직하고 남자다운 행동을 한다. 그는 밍고트의 가족 특등석으로 급히 간다. 그곳에서 약혼을 발표하자는 그의 요청에 메이는 고마운 마음으로 동의한다. 그녀는 이어 뉴랜드를 자기 사촌 엘렌에게 소개한다. 엘렌은 두 사람이 어릴 때함께 놀았던 일화들을 자세히 얘기한다. 뉴랜드는, 뉴욕 사람들에 대한그녀의 태도가 경솔한 것으로 해석하고 불쾌한 기분을 느낀다.

제3막이 끝난 후 레지나 보포트 부인이 오페라 하우스를 떠난다. 이는 그녀의 연례 무도회가 30분 후에 시작되리란 신호다. 레지나는 사우스캐롤라이나의 댈러스 가문 출신 '빈털터리 미녀'다. 별로 총명하지는 않지만 절세미인이다. 사촌인 메도라 맨슨의 소개로 뉴욕 사교계에 들어온그녀는 의심스러운 과거를 가진 줄리어스 보포트와 결혼했다. 보포트는아내가 아닌 다른 여자들과 어울리기를 즐기는 것으로 알려져 있다. 보포트의 저택에 도착한 뉴랜드는 그 집의 사치스러운 방들과 소유물들을 자세히 설명한다. 그러나 그는 가족간의 성실성에 대해서는 다시 생각한다. 백작부인이 그러한 파티에 참석하기에는 자기 의상이 맞지 않는다며 양해를 구하고 참석하지 않는다고 메이가 설명하자 입 밖에 내지 않은 뉴랜드의 우려가 가라앉는다. 이 얘기에 안심한 뉴랜드는 이런 '불쾌한 일'을처리하는 메이의 견해가 자신과 같다고 판단한다. 정말이지 모든 남자에게 완벽한 배필이 아닌가!

인물 탐색 워튼은 독자를 갈등과 위선의 세계 속으로 점점 깊이 끌어들인다. 기성 뉴욕 사람들은, 줄리어스 보포트의 사회적 지위 상승이 상징하는 벼락부자들의 돈과 소유물에 끌리면서도 싫어한다. 노 밍고트 부인의 영국인 사위가 보포트에게 소개장을 써주었으나 그의 '방탕한 습관들'과 냉소주의에 관한 소문이 계속 나돈다. 사람들은 그가 의문스러운 정황 아래 영국의 한 은행을 떠난 것으로 추측하고 있다. 그가 여자들과 벌인 일련의 혼외정사와 의문스러운 과거행적은 도외시된다. 왜냐하면 그가 일을 수완 있게 처리하기 때문이다. 보포트 부부가 1년 동안 단 하룻밤만 사용하고 나머지 364일은 닫아 놓는 무도장을 소유하고 있기 때문에 기성 부자들은 그들을 너그럽게 보아준다.

주제 탐색 "뉴랜드에게는 양식에 어긋나는 것보다 더 끔찍한 것은 없어 보인다." 뉴욕이 자기를 재판할 것이라고 엘렌이 농담조로 말하자 그는 그녀의 단어선택이 양식에 어긋난다고 생각한다. 그러나 그의 친구들이 킬킬대며 그녀의 과거에 관해 언급한 것 자체가 바로 그런 재판이었다. 그녀가 유럽에서 혼자 살 때 어떤 수치스러운 행동을 했는지 누가 알겠는가! 그리고 지금 그녀는 오페라를 보면서 양식을 지닌 사람처럼 행세하고 있다. 여기서 독자는 사회의 이중 잣대와 뉴랜드

가 거기에 동조하는 것을 분명히 본다. 즉, 줄리어스 보포트는
관대하게 보아주고 엘렌 올렌스카는 경멸하는 것이 그 예이다.

Chapters 4-6

 줄거리 뉴랜드는 엘렌의 출현에 혼란스러워하고

'빈틈없이 판에 박힌' 약혼식이 시작된다. 뉴랜드와 메이, 그녀의 어머니는 노 밍고트 부인의 집으로 간다. 그곳에서 주고받는 가벼운 대화는 가족에 대한 축복과 약혼반지, 결혼날짜를 의논하는 쪽으로 옮겨간다. 이런 대화가 진행되고 있을 때 예기치 않게 엘렌과 줄리어스 보포트가 당도한다. 엘렌은 즉석에서 뉴랜드에게 자기를 방문해 달라고 초대한다. 그러나 뉴랜드는 내심 약혼한 남자에게 기혼여성을 방문해 달라는 엘렌의 요청이 부당하다고 생각한다. 다음날 저녁 실러턴 잭슨이 아처 가에서 저녁식사를 하며 예의 신랄한 독설로 소문으로 떠도는 얘기를 늘어놓는다. 그는 엘렌이 상류인사들이 많이 다니는 시간에 기혼인 줄리어스 보포트와 함께 5번가를 거닐었다고 비난한다. 뉴랜드는 전혀 그답지 않게 엘렌의 변호에 나서서 그녀의 불행한 결혼은 불운이 초래한 결과였다고 말한다. 나중에 남자들만 서재에 모이자 잭슨은 엘렌이 '탈출하고' 1년 뒤 남편의 남자비서와 동거했다는 소문이 떠돈다고 폭로한다. 뉴랜드는 다시 그녀를 두둔한다.

잭슨이 떠난 후 뉴랜드는 난로 앞의 안락의자에 혼자 앉아서 다가오는 결혼식과 자기 생각에 불안한 영향을 미치고 있는 엘렌의 등장에 관해 생각한다. 종교적 기준과 사회적 기준이 그녀의 각종 행동을 비난받아 마땅한 것으로 보는 사회에서 그가 어떻게 엔렌을 지킬 수 있을까? 로벨 밍고트 가에서 엘렌을 위해 베푸는 정식만찬 초청장을 보내고 뉴욕 사교계가 이 초청을 48시간 이내에 거절하면서 뉴랜드의 가장 큰 우려가 입증된다.

맨슨 밍고트 부인을 방문하는 것은 흥미진진한 일이다. 그녀의 거대한 체구는 우스꽝스럽다. 그녀가 과거에 대단히 신중한 생활을 하지 않았다면, 부도덕한 프랑스 소설에 등장하는 인물처럼 되었을 것이다. 그녀는 다른 사람들은 하지 못하는 비판을 할 수 있는 위치에 있다. 레뮤얼 스트루더즈 부인의 도착을 신선한 고기 같다고 넌지시 말한 부인은, 뉴욕을 새로운 피가 필요한 육식동물로 표현한다.

이 몇 개의 장에서 뉴랜드가 엘렌을 옹호하기 시작했는데, 이는 이해하기 어려운 행동이다. 아처 부인은 자기 조상들이 엘렌의 행실을 어떻게 생각하겠느냐고 질문한다. 그녀는 현재 뉴욕 사람들이 무슨 생각을 하는지 알고 있다. 뉴욕 사교계의 행동규범을 알지 못하는 것과 행동규범을 알고도 따르지 않는 것은 다른 문제이다. 뉴랜드는 전적으로 엘렌을 옹호하는 것으로 보인다. 그런데 그가 어째서 남자들에게 유리한 이중 잣대를 잊어버리는지는 알 수 없는 노릇이다.

그러나 독자는 서재에 혼자 있는 뉴랜드에게서 그가 여자에게 갖는 생각의 또 다른 면을 본다. 그가 속한 사회는, 여자들에게 그들이 사는 좁은 생활범위 밖의 일에 관해 아는 것을 허용하지 않는다. 그의 누이 제이니는 완벽한 사례다. 그의 약혼녀 메이 또한 지극히 순진하다. 뉴랜드는 남편과 아내들이 '사실을 말하거나 행동, 심지어 생각조차 하지 않는 세계, 오직 독선적인 한 벌의 신호들로 상징되는 세계' 속에 살지 않으면 안 된다고 느낀다. 엘렌이 오기 전에 그는 이 행동규범에서 아무런 문제도 발견하지 못했다. 그녀의 출현이 어째서 그를 이토록 혼란스럽게 만든 것일까? 그가 잭슨에게 몇 차례 이의를 제기했음에도 불구하고 '기품 있는' 여자들은 남자들처럼 자유로울 수 없다. 그러나 남자는 여러 차례 불륜을 저지를 수 있으나 그의 아내는 그러면 안 되는 로렌스 리퍼츠의 결혼생활이 어째서 황금률이 되어야 하는가? 뉴랜드는 엘렌의 '자유로울' 권리를 옹호하면서도 백작의 여자친구들에게는 경멸조로 '창녀들'이라고 부른다. '자유로운' 여자들은 뉴욕 사람들에게 분명한 골칫거리다.

Chapters 7, 8

 뉴욕 사교계, 백작부인을 받아들이다

반 더 루이든 부부는 귀족혈통을 이어받은 뉴욕의 3대 가문 가운데 하나다. 그들은 아처 부인으로부터 뉴욕 사교계가 백작부인에게 보여준 경멸에 관해 자세한 이야기를 듣는다. 그리고는 가족의 의리를 보여주어야 사태가 바로잡힐 것이라고 판단한다. 루이자의 친척인 세인트 오스트리 공작이 러시아에서 오기 때문에 반 더 루이든 부부는 공작을 위해 베푸는 만찬과 리셉션에 백작부인을 참석시키기로 한다.

파티 때 반 더 루이든 부부는 최상의 도자기와 은그릇, 유리그릇을 내놓는 수고를 아끼지 않는다. 뉴랜드는 백작부인이 창백하지만 당당해 보일 정도로 매우 자신감에 차 있다는 것을 알아차린다. 그녀는 과거가 암시하는 것처럼 퇴폐적인 사람으로 보이지 않는다. 만찬 후 뉴랜드는 백작부인과 이야기를 나누면서 그녀의 슬픔과 솔직한 태도에 적잖이 놀란다. 그녀는 완전히 미국적인 사람이 되기를 원한다. 그녀가 부채로 뉴랜드의 무릎을 건드리자 그는 갑자기 전기가 통하는 기분을 느낀다. 백작부인은 다음날 다섯 시에 뉴랜드를 만나겠다고 말하는데, 이는 무언의 사회규범을 깨는 행위다. 그는 놀라면서도 동의한다. 나중에 그는 백작부인을 소개받기 위해 줄지어 선 부부들을 눈여겨본다. 그 가운데는 당초 아처 가문의 초대를 거절했던 리퍼츠 부부도 끼여 있다. 반 더 루이든 부부가 백작부인을 자기네 사교계에 포함시켰기 때문이다.

문체 탐색 워튼은 편협하고 완고한 구세대를 설명하기 위해 생생한 묘사법을 사용한다. 반 더 루이든 가문은 구 뉴욕의 서릿발 같은 냉혹함을 상징한다. 루이자는 '죽었지만 산 사람처럼 생생한 모습으로 빙하 속에 갇혀 있는 시체들'처럼 '진공 상태 속에 으스스하게 보존'되어 있다고 뉴랜드는 믿는다. 루이자는 자기 남편을 거의 신성시할 정도로 복종한다. 뉴랜드는 미래의 자기 결혼생활을 보는 듯하여 심란해진다. 반 더 루이든 가는 가족에 대한 충성을 신성하게 생각한다. 그러나 밍고트 부인은 뉴욕 사교계에 새로운 피가 필요하다는 의견을 제시한다. 반 더 루이든 가문이 그 증거이다.

반 더 루이든 가의 마차가 밍고트 저택 앞에 서 있다는 사실이 즉각 뉴스가 되기 때문에 워튼은 뉴욕 사교계가 눈과 귀를 가진 것으로 의인화한다. '고상한 취미의 결정자들인' 반 더 루이든 가는 로렌스 리퍼츠 가와 상당한 대조를 이룬다. 리퍼츠는 최근 자신이 저질렀던 경솔한 행동을 자기 아내가 알아차리지 못하도록 하기 위해, 위선적인 손가락으로 다른 곳을 가리킬 필요가 있었기 때문에 백작부인을 위한 만찬에 사람들이 참석하지 못하도록 공모했다고 뉴랜드는 말한다. 아처 부인은 '사교계가 어느 지경에 이르렀는지 그것을 보면 알 수 있다'고 말한다. 경솔한 행위가 알려졌음에도 불구하고 리퍼츠는 용납되는 반면, 백작부인은 가문에서 그녀를 받아들인다는 것을 외형적으로 보여줄 때까지 배척당한다.

문학적 장치 만찬은 세계주의적인 구 유럽과 벼락부자이며 지방적인 뉴욕을 비교하는 데 매우 적합한 장소다. 워튼은 즉각 그들의 태도를 역설적으로 묘사한다. 독자는 유럽 귀족의 대표인 백작부인과 공작이 사회의 케케묵은 규율에 관심을 기울일 것으로 예상하겠지만 두 사람은 무시한다. '신세계'의 산물인 뉴욕 사람들은 어쩌면 자유롭고 해방되어 있어야 하는데, 오히려 그들이 예의범절의 위반에 대해 평가를 내리고 있다.

Chapters 9-11

 엘렌을 이해하기 시작하는 뉴랜드

뉴랜드는 낯선 보헤미아 지구의 '멀리 아래쪽 웨스트 23번가'에 위치한 올렌스카 부인이 세 들어 사는 작은 주택을 찾아간다. 백작부인은 집에 없지만 뉴랜드는 그녀의 응접실을 둘러볼 충분한 시간을 갖는다. 친근하고 이국적인 분위기의 응접실은 뉴랜드가 살고 있는 차분하고 고풍스러운 방들과는 다르다. 그는 자신과 메이가 앞으로 갖게 될 응접실이 이곳과는 전혀 다를 것이라고 생각한다. 그들의 응접실은 전통적으로 보수적인 분위기를 풍길 것이다. 마침내 올렌스카 백작부인이 줄리어스 보포트와 함께 도착한다. 보포트는 문 앞에서 그녀와 작별한다. 이 거리가 남부끄럽지는 않지만 그녀 가족이 이 집에서 그녀가 사는 것을 허락하지 않을 터이기 때문에 그녀는 집을 보러 다니고 있다. 뉴랜드는 이 집이 유행에 맞지 않는다고 대답한다. 올렌스카 부인이 뉴랜드에게 "자신만의 유행을 만들면 안 되나요?"라고 말할 때 그녀의 솔직함이 드러난다. 대화를 하는 동안 내내 그녀는 솔직한 견해를 이야기하고, 그는 그러한 태도에 몹시 놀란다. 그는 뉴욕 사교계가 정직을 좋아하지 않으며, 여자 친척들에게 조언을 받으라고 경고하려 애쓴다. 그는 보포트와 함께 마차를 타고 다니는 것을 자제하도록 말해 주고 싶으나 현명하게 입을 열지 않는다. 백작부인이 울면서 얼마나 고독한 생활을 하는지 이야기할 때 그는 동정심을 느낀다. 그녀가 괴로워하는 동안 뉴랜드는 예의범절을 잊고 두 번 '엘

렌'이라고 부르고는 메이 생각에 죄의식을 느낀다. 오스트리 공작과 스트
루더즈 부인이 도착하고, 스투루더즈 부인이 올렌스카 부인과 뉴랜드를
일요일 자신의 살롱으로 초대한다. 올렌스카 부인은 초대를 받아들이지
만 뉴랜드는 대답을 하지 않는다. 뉴랜드는 올렌스카의 집을 나와 메이에
게 매일 선물하는 은방울꽃을 주문하러 꽃가게에 들른다. 그는 색깔이 짙
은 노랑 장미를 보자 메이에게 보낼까 생각하다가 대신 자기 명함을 꽂지
않은 채 백작부인에게 보낸다.

뉴랜드의 갈등은 계속된다. 어느 일요일 메이와 산책하던 그는 엘렌에게 장미를 보낸 사실을 털어놓는다. 메이는 엘렌이 그 장미에 관해 말하지 않은 것을 이상하게 생각한다. 뉴랜드와 메이는 다시 결혼날짜를 의논하고, 그는 그녀에게 상상력이나 독창적 사고가 부족하다는 것을 깨닫는다. 뉴랜드는 대화를 하는 동안, 그의 예상된 견해에 그녀가 예상된 반응을 하는 등 매사가 똑같이 진행되는 것에 낙담한다. 다음날 오후 제이니가, 올렌스카 부인이 공작, 줄리어스 보포트와 함께 스트루더즈 부인의 저택에서 목격되었기 때문에 아처 부인이 흥분했다고 뉴랜드에게 말한다. 언쟁을 하는 도중 헨리 반 더 루이든이 도착하고, 몇 가지 우호적인 조언을 하기 위해 올렌스카 백작부인을 만나고 왔다고 설명한다. 그는, 공작이 '우리의 공화주의적인 사소한 차이점들'을 이해하지 못하고 올렌스카 부인을 안 좋은 방향으로 인도한다고 말한다. 반 더 루이든은 공작이 자기 집 손님이기 때문에 만족할 만한 방식으로 공작의 행동을 설명할 의무가 있다고 생각한다. 마찬가지로 올렌스카 부인이 반 더 루이든에게 그의 인도에 감사한다고 말했기 때문에 그는 실러턴 잭슨에게 그녀를 두둔했다.

뉴랜드는 레터블레어 랜슨 앤드 로 회사에서 일한다. 사장 레터블레어는 뉴랜드에게, 밍고트 가의 대리인이 되어 올렌스카 백작부인이 이혼 청구를 포기하도록 설득해 달라고 요청한다. 그는 자세히 읽어보아야 할 편지 두 통을 뉴랜드에게 건넨다. 하나는 재정문제에 관한 프랑스 법률회사의 편지이고, 또 하나는 백작이 보낸 것이다. 무거운 침묵 속에 진행된 두 사람의 저녁식사는 여러 가문을 파멸시킨 각종 불미스러운 사건을 강조한다. 뉴랜드의 사장은 세 가지 요점을 밝힌다. 밍고트 가문은 이혼에 반대한다. 백작부인은 백작의 돈을 원하지 않는다. 백작부인과 밍고트 가문에 해만 끼칠 뿐인 불미스러운 사태를 피하는 것이 현명하다. 뉴랜드는 마지못해 사건을 맡기로 하지만 올렌스카 부인과 면담할 때까지는 이혼에 대한 입장결정을 유보한다. 그는 올렌스카 부인에게 전갈을 보내고, 그녀는 뉴랜드와 면담하기로 한다.

·풀어보기

문학적 장치 뉴랜드는 갈등을 겪고 있다. 그는 결혼의 덫에 걸려 있으나 항상 사회규범에 충실했다. '여러 부족들의 대문을 전전하며' 신혼인사를 다닐 때 뉴랜드는 자신이 '교묘히 함정에 빠진 짐승처럼 구경거리가 되고 있다'고 생각한다. 그는 올렌스카 부인을 방문한다는 사실을 메이에게 이야기해야 하는가? 그는 자신이 살게 된 저택을 처가에서 결정하는 것과 자기 아내의 전통적인 실내장식에 만족해야 하는가? 워튼은 뉴랜드를 올렌스카 부인의 응접실에 데려다 놓음으로써 이런 갈등을 여실히 보여준다. 올렌스카의 응접실은 판에 박히지 않은 그림들로 멋들어지게 장식되어 있다. 절묘하게 꽂아놓은 꽃다발의 향기조차 이국적이다. 이는 자유처럼 보인다. 엘렌은 자신의 응접실을 반 더 루이든의 음침한 응접실과 대비시킨다. 모든 사람이 똑같아야 할 이유가 무엇인가? 뉴랜드는 전에는 그런 발상에 의문을 제기하지 않았다.

올렌스카 부인은 뉴랜드의 세계 속에 존재하던 균형을 완전히 파괴하고, 설상가상으로 그의 보호본능까지 자극한다.

뉴랜드는 그녀가 고독하다고 말할 때 뉴욕 사람들이 그녀에게 팔을 벌렸다고 넌지시 말한다. 그러나 엘렌은, 그가 깨닫고는 있으면서도 인정하고 싶어 하지 않는 사실을 솔직히 말해 준다. 즉, 뉴욕 사람들은 진실에 귀를 기울이고 싶어 하지 않는 듯이 보이고, 그녀는 자신에게 가장(假裝)하기를 요구하는 사람들 속에서 극도의 고독감을 느낀다는 것이다. 그녀가 괴로워하는 모습을 보자 뉴랜드는 예의범절을 잊고 부적절하게 그녀의 손을 잡으며 이름을 부르고는 이어 자기 약혼녀를 생각해 내고 죄의식을 느낀다.

뉴랜드는 불장난을 하고 있다. 선명한 노랑색 장미는 그의 밋밋한 약혼자에게는 너무 강렬하지만 올렌스카 백작부인의 자유로운 정신과는 완벽하게 어울린다. 그는 올렌스카 부인에게 보내는 장미에 자기 명함을 꽂았다가 양심에 가책을 느껴 빼낸다. 하나는 흰색이고 다른 하나는 황금색인 두 개의 꽃 상자가 두 여자에게 가고 있다. 그는 그 중 한 사람과 전통적인 생활을 하게 된다. 다른 사람과는 자유롭게 된다. 한 사람은 열정과 노랑색 장미의 상상력을 상징하는 데 반해, 또 한 사람은 상상력과 독창적인 생각이 결여되어 부드러운 흰색 은방울꽃으로 상징되는 것이다.

그가 메이와 대화를 나누는 동안 증명되었 듯이 뉴랜드의 갈등은 계속될 것이다. 메이가 '멍하니 공허'를 응시하게 될 것이라는 그의 걱정은, 그녀 스스로는 어떤 결정도 내릴 능력이 없다는 데서 분명히 드러난다. 뉴랜드가 여행을 가고 싶어 하면, 메이는 변칙을 이해하지 못하는 어머니에게 이번 여행을 어떻게 설명할 것인가를 생각한다. 뉴랜드가 자유로운 생활에 관해 새로 발견한 개념들을 설명하려고 애쓰면, 메이는 그의 생각이 '소설 속의 등장인물들처럼… 상스럽다'는 신념으로 되받는다. 뉴랜드는 자신이 전통의 굴레에서 벗어날 수 있다고 생각하고 싶지만 메이는 두 사람이 모두 각종 사회적 압력에 저항하기 싫어 한다는 것을 정확하게 알아차리고 있다.

첫째, 메이는 뉴랜드에게 그가 심정적으로 인습에 얽매인 사람이란 것을 상기시킨다. 이어 레터블레어와 뉴랜드가 함께 한 저녁식사는 그러한 믿음을 더욱 강조한다. 이 우울한 저녁식사 내내 워튼은 뉴랜드가 기성 뉴욕 법조계의 범주 속에 갇혀 있다는 사실을 독자에게 일깨워준다. 그는 전통에 반기를 들고 싶은 욕망을 느끼며 방에 들어가지만 레터블레어는 이혼이 누구에게도 이익이 안 되는 현명치 못한 생각임을 납득시킨다. 뉴랜드는 엘렌이 이혼해야 한다는 생각을 재고하면서도, 그녀를 보호하기 위해 변호에 동의한다. 그는 유럽 여자들이 지독한 외로움 때문에 혼외정사에 이끌릴 수도 있다고 생각하며, 그녀의 과거에 대해 갖가지 변명거리를 만든다. 백작이 아내에게 보낸 편지는 하나도 공개되지 않았으나 뉴랜드의 반응을 보면 그 편지에서 백작이 자기 아내에게 숨겨야 할 불미스러운 과거가 있다고 말했거나 암시했음을 시사한다. 뉴랜드는 백작의 말에 한 번도 의문을 제기하지 않고, 그녀를 보호하려는 욕구와 그녀의 '가련한 모습'은 그의 결정에 부분적인 영향을 미친다.

주제탐색 뉴랜드의 결정에는 또한 돌리 러시워스 부인과 벌인 자신의 불륜행각도 일부 영향을 미친다. 간통에 대한 이중 잣대는 뉴랜드의 생각 속에서 가장 중요한 부분이다. 그의 어머니가 남자들의 불륜에 대해 '그렇고 그런 일이 일어났다'고 말하는 것과 같다. 그렇고 그런 일은 '남자로서는 어리석은 행위'였지만 언제나 '여자에게는 범죄행위'였다. 이런 이중 잣대는 이모와 고모, 어머니, 다른 여자 친척들을 통해 대물림한다. 세상에는 '우리가 사랑하고 존경하는 여자들'이 있으며 우리는 그들과 결혼하고, 한편으로는 우리가 '즐기고 동정하는 여자들'이 있는데 그들과는 사랑놀음을 한다. 엘렌을 존경받고 자유로워야 하는 인간으로 간주하는 것과 그가 원하는 불륜상대로 생각하는 것 사이에서 뉴랜드의 갈등이 계속되고 있다. 이 시점에서 뉴랜드는 이유를 불문하고 이혼에 대해 가해지게 마련인 뉴욕 사교계의 비판으로부터 그녀를 구하기로 결심한다.

Chapters 12, 13

: 줄거리 이혼을 포기하는 백작부인

　뉴랜드는 올렌스카 백작부인의 집으로 가다가 보포트의 마차가 미지의 밀회장소로 떠나는 것을 본다. 그는 걸어가면서 자기 어머니가 속한 유한계급 세계와 예술가들 및 창의적인 사람들이 사는 세계 사이의 수많은 차이점들을 곰곰 생각해 본다. 올렌스카 백작부인의 집에 도착한 그는 그곳에서 보포트를 발견한다. 화가 난 뉴랜드는 다시 한 번 그녀의 보호자가 된 듯한 기분을 느낀다. 백작부인이 보포트를 내보내자 뉴랜드는 승리감에 도취된다.

뉴랜드는 올렌스카 부인에게 업무를 협의하기 위해 방문했다고 말한다. 그는 뉴욕 사람들이 '구식 사상'을 갖고 있으며, 이혼이 합법적일지 모르나 사회적으로 용납되지 않는다는 점을 강조한다. 뿐만 아니라 백작이 추잡한 비난을 늘어놓을 가능성이 있고, 그 비난이 사실이든 아니든 그녀는 파멸하게 된다. 여기서 그는 잠시 말을 멈춘다. 그러나 백작부인이 침묵을 지키기 때문에 뉴랜드는 백작의 주장 속에 일말의 진실이 들어 있을 가능성이 있다고 느끼게 된다. 그는 백작부인이 금전을 제공받으며 자유를 누리고 있다고 설명한다. 따라서 단순히 이미 가진 것을 얻기 위해 이혼할 이유가 무엇인지 묻는다. 그녀는 뉴랜드에게 자기 가족의 뜻에 동의하느냐고 묻고, 그가 그렇다고 대답하자 이혼청구를 취하하기로 결심한다. 열흘 뒤 뉴랜드는 월랙스 극장에서 공연중인 〈샤우그라운〉의 극중 연인들이 이별하는 슬픈 장면을 지켜본 뒤 형용할 수 없는 비애를 느낀다. 가족과 함께 플로리다에 가 있는 메이가 "엘렌에게 친절하게 대하라"고 그에게 부탁한 바 있다. 엘렌 역시 그 극장에 있다. 뉴랜드가 백작부인을 만났을 때 그녀는 극중 인물이 자기 연인에게 노랑색 장미를 보낼 것으로 생각하느냐고 묻는다. 뉴랜드는 얼굴을 붉힌다. 그는 '피할 수 없는 사건들을 겪는' 사람인 엘렌 올렌스카에게 반해 넋을 잃는다.

:풀어보기

문학적 장치 워튼은 뉴랜드의 여러 가지 생각을 통해 유럽과 미국의 사회적 행실 사이에 나타나는 커다란 차이를 지적한다. 뉴욕 시티의 보헤미아 지구에 살고 있는 작가, 음악가, 미술가들은 종종 기이하고 괴팍한 면을 드러내지만 대부분 존경할 만한 사람들이다. 그러나 아처 부인은 그들을 가난에 찌들어 사는 저질로 생각한다. 뉴랜드는 올렌스카 부인이 속한 유럽 사회를 창의적인 사람들과 과학적 사고를 하는 사람들이 환영받는 곳으로 본다. 그는 흥미진진한 발상이 제기되는 세계 속에 살고 있는 듯이 보이는 네드 윈세트 같은 작가들에게 마음이 끌리면서도 자신의 생활에 가해지는 각종 제약을 다시 생각하게 된다. 보포트와 올렌스카 백작부인의 우정 또한 미국과 유럽의 가치관 사이에 존재하는 차이를 반영한다. 뉴랜드가 그녀의 집에서 보포트를 발견할 때 그녀는 검은색 모피가 달린 길고 헐거운 붉은색 옷을 입고 있다. 미국인들은 그러한 옷차림이 육감적이며 정숙한 귀부인에게는 부적절한 것으로 간주한다. 그러나 유럽에서는 최신 유행하는 옷이다. 보포트와 백작부인이라면 유럽에서 마음이 푸근할지 모르나 뉴랜드는 그렇지 않을 것이 거의 확실하다.

문학적 장치 이혼이 사회적 가치관에 비춰 충분히 검토된다. 뉴랜드는 사회의 공동이익이 개인의 필요보다 더욱 중요하다고 설명한다. 뉴욕에서는 사람들이 가족제도가 보호되어야 한다고 믿는다. 엘렌 올렌스카는 이혼할 경우 사회로부터 매장당할 것이다. 뉴랜드의 임무가 안고 있는 역설은 이렇다. 가족에게 충실해야 한다는 신념에도 불구하고 엘렌에 대한 감정이 강해진다는 것이다. 그 역시 사회의 공동이익 때문에 희생되는 개인이다. 사회는 올바른 사람들 사이의 올바른 결혼을 통해 자신을 복제하기 바란다.

Chapters 14, 15

:줄거리 밀회

뉴랜드는 극장을 나서다가 친분 있는 작가인 네드 윈세트를 만난다. 윈세트는 작가로서 고전하는 한편, 가족의 생계를 위해 한 여성 주간지에서 일하는 것을 몹시 괴로워한다. 그는 뉴랜드에게 정치를 고려해 보라고 넌지시 권한다. 정치를 하면 '오물 속으로 내려가' 선을 실현할 수 있다는 것이다.

그가 결혼하고 나면 이런 식의 의견교환은 없어질 것이기 때문에 두 사람의 대화가 끝날 때 뉴랜드는 불행한 기분을 느낀다. 사흘 후 뉴랜드는 백작부인으로부터 반 더 루이든의 시골저택을 방문하는데, 함께 가고 싶다는 전갈을 받는다. 그는 레지 시버스 가에 이미 둘러댔던 핑계를 취소하고 다시 그들을 방문하겠노라고 연락해 그녀와 가까운 곳에서 주말을 보낼 계획을 세운다. (뉴랜드는 바로 전날 이런저런 핑계를 대고 레지 시버스 가에 가지 않으려고 했다.)

뉴랜드는 스쿠이터클리프에서 백작부인을 찾아보지만 그녀가 산책을 나갔으므로 그녀를 만나러 간다. 두 사람은 반 더 루이든의 또 다른 집인 파트룬 가옥으로 들어간다. 이곳에 있는 동안 엘렌에 대한 뉴랜드의 반응은 분명히 성적으로 변해간다. 심장박동이 빨라지고 그녀가 두 팔로 자기 목을 껴안는 장면을 상상한다. 줄리어스 보포트의 도착으로 두 사람의 공상은 깨어진다. 뉴랜드는 보포트가 백작부인을 쫓아다닌다는 엄연한 사실에 짜증이 난다. 다음날 자기 사무실로 돌아온 뉴랜드는 희미해지는 시골에서의 백일몽에 잠긴다.

뉴랜드는 백작부인으로부터 만나자는 전갈을 받는다. 그는 몇 가지 그럴싸한 회답을 신중하게 생각하다가 포기하고 세인트오거스틴으로 도피한다. 그곳에서는 메이가 부모와 겨울을 나고 있다.

풀어보기

인물탐색 워튼은 뉴랜드 아처와 네드 윈세트의 대화를 통해 유한계급과 예술가들의 완전히 다른 세계를 강조한다. 뉴랜드는 네드의 집에 초대받거나 그 가족을 만난 적이 한 번도 없다. 뉴랜드는 비누와 청결, 유행하는 의상에 드는 돈이 하층계급 사람들에게는 소중하게 쓰인다는 사실을 깨닫지 못하는 듯이 보인다. 네드는 뉴랜드가 전혀 모르는 갖가지 현실에 직면해야 한다. 그런 현실 가운데에는 식탁에 놓을 빵과 가족의 잠자리가 포함된다. 그것이 여성지에 글을 써야 하는 것을 의미한다면 그 일을 하지 않으면 안 된다. 그는 뉴랜드의 계급이 유럽의 잔재이며 그것이 '오물 속으로 내려갈 때까지' 사회개혁이 결코 실현되지 않을 것이라고 하면서 뉴랜드에게 정치에 입문하라는 의견을 제시한다. 부자들은 사회개혁에 대해 걱정은 하면서도 정치로 자기네 손을 더럽히지는 않는다. 뉴랜드는 재치 있게 이 주제를 피해가지만 사무실에서 매일 신문이나 읽으며 시간을 때우는 법조계의 '신사다운 직업'으로는 성취감을 느끼지 못한다.

감히 생각할 수도 없는 것이 뉴랜드의 마음속에서 갈등요인이 되고, 워튼은 이러한 갈등을 추적할 기회를 잡는다. 워튼은 뉴랜드와 백작부인을 파트룬의 별장에 함께 데려다 놓음으로써 순수한 낭만과 탈출 장면을 연출한다. 처음에 뉴랜드는 설경을 배경으로 붉은 망토를 입은 백작부인을 본다. 그리고 자신이 아는 사교계 귀부인들과 다른 이국적인 모습에 매료된다. "아, 오셨군요"라고 말하는 그녀는 그를 기다리고 있었던 것으로 보인다. 그가 그녀와의 포옹을 상상하는 장면에서 여자에게 완전히 반했다는 것이 자명해진다. 뉴랜드는 보포트가 도착하자 그에게 맞서 자기가 백작부인을 차지할 가능성을 따져보고, 그녀가 보포트에게 끌리는 이유가 무엇인지 생각해 본다. 뉴욕에 돌아온 뒤에도 뉴랜드는 그의 정열적인 욕망을 불러일으키는 시집 한 권 외에는 새 책들에 집중할 수가 없다. 뉴랜드는 엘렌이 없는 미래를 생각하면서 자신의 교육과 약속으로 인해 펼쳐질 미래 속에서 질식하게 되리란 것을 깨닫는다. 그가 메이를 찾아 도피하기로 한 결정은, 백작부인을 향한 금지된 사랑의 유혹과 싸우기 위한 것인지, 아니면 사회적 의무에 순응해 메이와 함께 살겠다는 결정을 지키려는 것인지 의심스럽다.

Chapters 16, 17

 줄거리 결혼을 앞당기려는 뉴랜드

　뉴랜드는 세인트오거스틴에서 메이를 보자 약혼이 올바른 행동이라고 확신한다. 그는 웰랜드 부인을 설득해 결혼식 날짜를 앞당기는 데 동의하도록 만들 근거를 찾으려고 애쓰지만 뾰족한 생각이 나지 않는다. 그가 변한 것을 우려하고 그의 인생에 '다른 사람'이 생겼느냐고 묻는 순진한 메이도 설득할 수 없다. 그녀는 뉴랜드에게 약혼을 파기해도 된다고

하면서 이해할 수 있다고 말한다. 뉴랜드는 잠시 놀라지만 이어 그녀의 눈빛에 다시 순진함이 묻어나자 다른 사람은 없다고 안심시킨다.

집에 돌아온 뉴랜드는 어머니와 누이 제이니와 저녁식사를 하면서 그가 외출한 사이에 백작부인이 모녀에게 다녀간 사실을 알게 된다. 그는 노 밍고트 부인을 방문하여 자기를 위해 결혼날짜를 조정해 줄 것을 부탁한다. 두 사람이 이야기를 나누고 있을 때 엘렌이 돌아온다. 뉴랜드는 집을 나서면서 다음날 저녁에 그녀와 만나기로 조용히 약속을 잡는다. 다음날 밤 그가 도착해 보니 맨슨 후작부인, 네드 윈세트, 어게이던 카버 박사란 사람이 백작부인의 응접실에 와 있다. 진홍색 장미다발은 보포트가 계속 백작부인을 따라다닌다는 증거다. 신사들이 집을 나설 때 맨슨 부인은 엘렌에게 관심을 가져줘서 고맙다고 뉴랜드에게 인사를 하면서, 엘렌이 낮은 사회적 지위를 위해 막대한 재산을 포기하고 있으므로 엘렌을 백작에게 돌려보내 달라고 부탁한다.

: 풀어보기

인물탐색 뉴랜드는 메이와 그녀의 어머니를 아주 순진하고 상상력이 없는 여자들로 본다. 두 사람을 '어리석은 인습'에 고지식하게 집착하는 사람들이라고 생각한다. 그러나 딸의 장래에 대한 웰랜드 부인의 관심 뒤에는 그가 보지 못하는 강철 같은 의지가 도사리고 있다. 웰랜드 부인은 엘렌의 곤경에 대해 조금도 동정하지 않고, '외국인들'을 강하게 배척하며, 이혼에 대한 논의나 승인을 철저히 거부한다. 결혼날짜도 계절의 명령을 거스를 수 있다며 바꾸려 하지 않는다.

　　메이는 뉴랜드가 생각하는 것처럼 상상력이 없는 사람이 아니다. 무언가 크게 잘못되었다고 느낀 그녀는 전통적인 예의범절에 매달리며 자신의 걱정을 거리낌 없이 말한다. 그녀가 자신을 희생하겠다고 제안하자 뉴랜드는 그녀의 너그러운 마음과 그의 행복에 대한 사심 없는 헌신을 존경한다. 그가 백작부인에게 느끼는 매력이 점점 강해져 압도당하기 전에 두 사람이 결혼할 수 있다면 잘못될 것은 하나도 없다. 메이는 성공할 것이 뻔한 방법으로 반격하고 있다. 뉴랜드는 전통에 저항하지 않을 것이며 완벽한 아내감과의 약혼을 파기하지 않을 것이기 때문이다.

문학적 장치 워튼은 첫 번째 책의 끝부분에 접근하고 있으며 뉴랜드 아처가 행동을 하도록 압력을 가중시키지 않을 수 없다. 그녀는 17장에서 벌어지는 세 차례의 수수께끼 같은 대화에서 그 압력을 가중시킨다. 첫 번째 대화는 뉴랜드, 제이니, 아처 부인 사이에 이루어진다. 백작부인의 방문사실에 뉴랜드가 놀라움을 표시하자 아처 부인은 자기 접시를 내려다볼 뿐이었고, 뉴랜드는 자신이 놀란 사실에 대해 어머니가 역정을 낸다고 생각한다. 그러나 어머니는 어쩌면 뉴랜드와 백작부인 사이에 돋아나는 우정에 대한 우려를 숨기고 있는지도 모른다. 아처 부인은 엘렌을 '그녀의 이상형'인 메이와 비교함으로써 그런 우려를 분명히 암시한다.

두 번째 대화는 뉴랜드와 노 밍고트 부인 사이에서 벌어진다. 부인은 뉴랜드에게 엘렌과 결혼하지 않는 이유를 장난스럽게 물은 다음 이제는 너무 늦었다고 말한다. 그녀의 주의 깊은 시선 아래서 뉴랜드와 엘렌은 평소처럼 암호로 자기 뜻을 서로 알린다. 그녀가 다음날 외출한다는 말을 듣고 뉴랜드는 보포트와 나갈 가능성이 있다는 사실 때문에 짜증을 냄으로써 다시 자신이 그녀에게 빠져 있다는 뜻을 알린다.

맨슨 부인과 나눈 마지막 대화는 뉴랜드의 역설적인 입장을 보여준다. 맨슨 부인은 엘렌이 최선의 인생을 살도록 도와달라고 뉴랜드에게 간청한다. 그 인생은 사회규범에 따라 부유한 백작과의 결혼생활을 유지하는 것이다. 뉴랜드는 그녀가 백작에게 돌아가느니 지옥에 가는 것이 낫겠다고 말한다. 그때 맨슨 부인이 그에게 이기적으로 행동하고 있는 것은 아닌지 묻는다. 그녀는 이어 부유한 남자와 혼외정사를 벌이는 것이, 결혼한 귀부인이 부자가 되는 것보다 좋은지 묻는다.

Chapter 18

고민하는 엘렌과 뉴랜드

　백작부인이 마침내 응접실로 들어와 진홍색 장미다발을 보고 화를 내며 그것을 병환중인 네드 윈세트의 부인에게 갖다주라고 하녀에게 말한다. 그녀의 이모 또한 스트루더즈 부인의 살롱에서 와달라는 전갈을 받고 떠나자 드디어 뉴랜드와 올렌스카 백작부인 단 둘이만 남게 된다.

　그녀의 이모는 그녀가 백작에게 돌아갈 것으로 생각한다고 그가 말하자 백작부인이 언짢아한다. 그녀는 뉴랜드가 이런 말을 신용하는 것을 믿을 수 없다며 화제를 그의 결혼식으로 돌린다. 뉴랜드는 그가 더욱 사랑하는 누군가를 잊으려고 결혼식을 앞당기고 싶어 하는 것으로 메이가 생각한다고 말한다. 실제로 다른 사람을 더욱 아끼고 사랑하느냐고 올렌스카 부인이 묻자 다른 사람과는 결혼하지 않을 것이라고 말하며 질문을 회피한다. 오랜 침묵이 이어진다.

　마차가 도착하고 백작부인은 떠나야 한다. 그러나 뉴랜드는 그녀의 손을 잡고, 가능하다면 함께 하고 싶은 여자가 있다고 말한다. 그녀를 설득해 이혼을 포기하도록 만들어 두 사람의 결합을 불가능하게 만든 장본인이 뉴랜드였기 때문에 올렌스카 부인은 화를 낸다. 그녀의 말을 들은 뉴랜드는 그녀가 걱정한 '추문'이 그녀 소행이 아니란 것을 깨닫는다. 그녀는 자신의 불미스러운 이혼이 밍고트 가문에 누가 될 것을 걱정했다.

　뉴랜드는 그녀를 사랑한다고 말한다. 그녀는 울면서 두 사람이 아직

서로를 가질 수 있다고 설명한다. 왜냐하면 아직 그는 자유롭고 그녀는 곧 자유로워질 수 있기 때문이란 것이다. 뉴랜드는 앞뒤를 헤아리지 않고 메이와 결혼하지 않을 것이라고 말한다. 그러나 메이에게 상처를 줄 수 없는 엘렌 올렌스카는 "나는 당신을 포기하지 않으면 당신을 사랑할 수 없어요"라고 말한다. 어리석게도 뉴랜드는 보포트가 자기를 대신할 가능성이 있다고 소리친다. 하녀인 나스타샤가 전보 한 통을 가지고 돌아온다. 전보는 메이가 엘렌에게 보낸 것이다. 전보에서 메이는 노 밍고트 부인의 주장이 효력을 발휘해 결혼식을 부활절 바로 뒤로 변경할 것이라고 알린다.

뉴랜드가 집에 도착하자 두 번째 전보가 기다리고 있다. 제이니는 전보내용을 알려고 자지 않고 기다리고 있다. 그는 제이니에게 부활절이 며칠이냐고 묻고, 그녀의 대답을 듣고 빈정대는 투로 웃는다. 그리고 뉴랜드는 자신이 한 달 이내에 결혼하리란 사실을 깨닫는다.

· 풀어보기

문학적 장치 이 놀라운 장은 가장 강력한 이 소설의 딜레마에 관해 이야기한다. 워튼의 능숙한 역설법은, 고통과 인내, 그리고 거부에 관한 뉴랜드의 여러 가지 주장 ─ 사회, 종교, 계급의 각종 기준이 존중되지 않으면 모든 것이 혼란에 빠진다 ─을 백작부인이 유념하고 있다는 사실을 보여준다. 그녀는 남의 행복을 희생해 자신의 자유를 쟁취할 수 없다는 것을 뉴랜드로부터 배웠다. 그녀는 명예와 가족 및 원칙들을 위해 뉴랜드 자신의 이기적인 이익을 희생해야 한다고 일깨워준다.

이 발언이 소설 초반에서 소개된 뉴랜드 자신의 생각이었다는 사실은 역설적이다.

주제탐색 뉴욕 사교계의 울타리 밖에서 지식인, 예술가들과 사귀며 유럽적인 생활을 하는 엘렌 올렌스카는 여러 가지 면에서 이디스 워튼이다. 뉴랜드 아처 같은 남자들은 여자를 이해하지 못하지만 결혼하고 정착해서 책임 있는 생활을 하려면 여자가 필요하다는 것을 워튼은 자신의 인생에서 깨달았다. 남자는 여자를 보살피고 보호해야 하며 외도를 하거나 수상한 사업윤리를 따름으로써 여자들에게 상처를 주어서는 안 된다.

메이의 전보가 도착한 시기는 메이가 다시 한 번 뉴랜드의 행동을 예측해서 그의 기회를 빼앗았다는 것을 보여준다. 뉴랜드는 그녀가 재미없고 인습적이라고 생각하지만 그녀가 조종에 아주 능하다는 사실을 깨닫지 못한다.

제 2 권

Chapters 19, 20

 결혼식과 신혼여행

　　뉴랜드는 안개 속에 완전히 휩싸인 기분으로 그레이스 교회의 설교
단 위에 서서 신부를 기다린다. 그는 메도라 맨슨이 들어올 때 엘렌이 함
께 왔는지 보려고 긴장하지만 오지 않았다. 메이에게 팔을 내주라고 누군
가 뉴랜드에게 일깨워준다. 결혼식이 끝나고 모두 조찬 결혼피로연에 참
석하러 간다.

　　신혼부부는 피로연 후 옷을 갈아입고 전통적인 쌀 세례를 받고 기차
역으로 간다. 역에서 두 사람은 스쿠이터클리프 부근에 있는 시골농장으
로 여행을 떠난다. 두 사람이 도착하자 반 더 루이든의 하인이 찾아와 물
탱크가 새기 때문에 파트룬의 저택을 사용해야 한다고 알려준다. 메이는
좋아서 매우 들뜨지만 뉴랜드는 지난 겨울 엘렌과 그곳에서 함께 보낸 오
후만 계속 생각한다.

　　뉴랜드와 메이는 3개월의 신혼여행을 보내고 가을을 런던에서 지낸
다. 두 사람은 카프리 부인이란 여자와 뉴랜드의 어머니와 누이의 친지인
그 여자 동생으로부터 만찬초대를 받는다. 메이는 미국인이 아닌 낯선 사
람들과 잡담을 하는 것이 매우 불편해 흥미를 느끼지 못한다. 호텔로 돌

아온 메이와 뉴랜드는 두 여주인과 그들의 병약한 조카, 교구목사 부부, 리비에르란 이름의 프랑스인 가정교사에 관해 의견을 나눈다. 메이는 가정교사가 '평범해 보인다'고 대수롭지 않게 말하지만 뉴랜드는 그 사람과 파리의 문단인사들에 관해 즐거운 대화를 나누었다.

:풀어보기

문학적 장치 ▶ 워튼은 신랑이 다른 사람을 사랑하는 이 결혼식에서 역설적인 색조를 강렬하게 깐다. 이러한 사회제도의 올가미에 걸려든 뉴랜드는 현실이 아닌 듯한 느낌 속에서 엄숙한 예식을 그럭저럭 치른다. 그는 자신의 영혼이 죽는 것을 느끼며 각자 자기 자리에 앉아 있는 하객들이 그가 마침내 저세상으로 들어가는 것을 지켜보는 사람들이란 상상을 하기조차 한다. 그는 메이를 보고는 돌이킬 수 없다는 것을 깨닫는다.

워튼은 또 이러한 사회의 가치관을 폭로한다. 뉴랜드는 주어진 신랑의 의무를 이행했다. 그의 선택은 '미풍양속'에 대한 로렌스 리퍼츠의 만족스러운 평가에 의해 모두 승인되었을 것이다. 뉴랜드는 그러한 예의범절이 자신에게 매우 중요했던 시기를 회상하면서 그것들이 얼마나 무의미한지 깨닫는다. "내내 나는 이렇게 생각한다… 진정한 사람들은 어딘가 다른 곳에 살고 있었으며 그런 사람들에게 진정한 사건이 일어난다."

전통과 뉴욕의 인습적 관례 속에 생매장된 그는 자유를 누릴 수 있는 기회가 사라지는 것을 지켜본다. 가장 큰 역설은, 뉴랜드와 엘렌이 안식처로 찾았던 바로 그 집에서 메이와 신혼 밤을 보내게 된다는 현실이다. 이러한 사실을 알지 못하는 메이는 흥분해서 이렇게 설명한다. "그 집은 (엘렌이) 완벽한 행복을 실현할 수 있다고 상상한 미국 내의 유일한 집이에요." 뉴랜드는 공허감 속으로 점점 깊이 빠져든다.

어쩔 수 없이 가까이 지낸 3개월 동안의 신혼여행은, 아내에게 그가 좋아하지 않는 면이 있다는 우려를 부각시킨다. 그녀는 여행을 좋아하지 않고, 뿌루퉁해지기를 잘 하고, 냉담한 표정으로 나타나는 속물근성을 드러낸다. 그녀의 세계는 뉴욕 시티이고, 그녀는 '항상 충성스럽고 품위를 유지하며 원망하지 않을 것'이다. 하지만 또한 아주 편협하다. 그리고 배운 대로 행동한다. 그녀는 자신의 예속상태를 전혀 눈치 채지 못하는 완벽한 아내다. 뉴랜드는 가정교사가 파리의 문단인사들과 이야기를 나누었기 때문에 그와의 대화가 즐거웠고 그를 부러워하기조차 했으나 메이는 그를 경멸하는 투로 말한다. 뉴랜드는 신혼 6개월이 가장 힘들다고 생각하며 잘 대처해나가면서도 메이가 그의 모든 자유로운 취향을 무디게 하고 있다는 우려도 한다. 그녀가 그에게 보수적인 생활을 해나가도록 함에 따라 그는 자신이 예속되어가는 것을 깨닫기 시작한다.

Chapters 21-24

엘렌에게 빠진 뉴랜드는 점점 대범해지고

1년 뒤 8월, 생활은 예측된 형식으로 자리를 잡았다. 아처 부부는 새 저택에서 겨울을 보냈고 웰랜드 가에서 사준 새 브로엄 마차를 타고 다녔다. 뉴랜드는 자기 서재를 마련했고 윈세트와 젊은 친구들을 만나 술을 마셨다. 그와 메이는 오페라를 관람했다. 그들은 뉴포트로 돌아온다. 뉴랜드는 다소 못마땅해 한다. 때는 늦은 여름이다.

메이는 뉴포트 궁술 클럽의 연례대회에서 우승을 한다. 유심히 지켜보는 뉴랜드는 줄리어스 보포트의 외모가 변했다는 생각이 갑자기 든다. 많이 늙었고 투기 때문에 어려움을 겪고 있다는 소문이 월 가에 나돌고 있다. 궁술대회가 끝난 후 메이는 불쑥 노 밍고트 부인을 뵈러 가자고 말한다. 그녀는 보포트가 일등상으로 준 값비싼 브로치를 할머니에게 보여준다. 이어 뉴랜드는 심부름으로 그날 하루 그곳을 방문하는 엘렌을 데리러 간다. 그는 해변의 부두에서 엘렌을 발견하고 말없이 지켜본다. 그녀가 돌아보지 않을 때 그는 언덕 위로 되돌아간다.

마차를 타고 집으로 돌아오는 길에 메이는 엘렌이 변했으며 남편에게 돌아가면 더욱 행복할 수 있다는 견해를 밝힌다. 충격을 받은 뉴랜드는 메이에게 잔인하다고 말한다. 그러나 뉴랜드는 그날 밤 잠을 이루지 못한 채 자신의 우중충한 생활과 달빛을 받으며 마차를 타고 집으로 돌아가는 엘렌의 낭만적인 모습을 비교한다.

블렝커 부인과 그 딸들을 위해 베푸는 파티에 웰랜드 가문이 초대를 받자 뉴랜드는 메도라 맨슨이 블렝커 집안의 친구이기 때문에 엘렌이 그 지역에 올 가능성이 있을 것으로 추측한다. 웰랜드 씨와 메이는 마차를 타고 나가고 웰랜드 부인이 파티에 참석한다. 뉴랜드는 그 기회를 이용해 블렝커의 별장 부근에 있는 종마 사육장에서 말을 한 필 구한다. 그는 자신이 중독처럼 엘렌을 그리워하는 것을 깨닫는다. 그는 블렝커 집안 딸들 가운데 한 사람과 이야기를 나누다가 엘렌이 보스턴에서 온 전보를 받고 나간 사실을 알게 된다. 그녀는 이틀 동안 보스턴에 머물 것이며 파커 하우스에 묵고 있다. '끝없이 공허한' 자기 인생을 변화시킬 기회가 왔다고 느낀 뉴랜드는 그녀를 뒤쫓아 보스턴으로 가기로 결심한다.

다음날 아침 뉴랜드는 보스턴에 볼일이 있으며 거기서 뉴욕으로 갈 것이라고 메이에게 말하고 폴리버 행 기차를 탄다. 다행히 그의 법률회사에서 보낸 편지가 전날 도착해 거짓말에 신빙성을 보태주었기 때문에 의심하는 사람은 아무도 없는 듯이 보인다.

보스턴에 도착한 그는 파커 하우스에 있는 엘렌에게 전갈을 보낸다. 그러나 그 전갈은 그녀가 '외출했다'는 말과 함께 되돌아온다. 놀란 뉴랜드는 파커 하우스로 걸어가고, 그녀가 코먼즈 공원의 벤치에 앉아 있는 모습을 발견한다. 그녀는 뉴랜드를 보고 놀란다. 하녀 없이 자유로이 여행을 하고 있는 엘렌은 남편이 보낸 심부름꾼을 만났다. 공작은 그녀가 돌아와서 '가끔 그의 식탁 상석에 앉는다면' 거액의 돈을 주겠다고 제안했다는 것이다. 그녀는 그 제안을 거부했으나 심부름꾼을 오전 11시에 다시 만날 예정이다. 뉴랜드는 그러지 말고 두 사람이 마차를 타고 포인트 알리로 가서 식사를 하자고 제안한다.

그의 '모험'을 알아차린 엘렌은 쪽지를 한 장 쓰고는 함께 마차를 타

고 파머 하우스로 가서 쪽지를 안으로 들여보낸다. 뉴랜드가 조바심하며 기다리다가 군중 속에서 장소와 어울리지 않은 듯한 낯익은 얼굴을 본다. 그러나 그 사람의 이름이 생각나지 않는다. 뉴랜드와 엘렌은 증기선을 타고 말없이 포트 알리로 간다. 두 사람은 침묵이 편했으며 뉴랜드는 그 순간의 기분을 깨고 싶지 않다. 두 사람은 점심식사를 하려고 선술집을 찾지만 시끄러워 밀실을 부탁한다. 그녀는 그와 오랜 친구처럼 자연스러워 보이게 행동함으로써 그의 양심을 편안하게 해준다.

점심식사를 하면서 뉴랜드는 그녀의 지난 18개월에 걸친 이야기를 듣는다. 그녀는 뉴욕이 자신을 받아들여준 것에 감사하는 한편, 뉴욕이 왜 유럽을 똑같이 따라하려고 하는지 까닭을 이해할 수 없다고 한다. 뉴 랜드가 그녀에게 유럽으로 돌아가지 않는 이유를 묻자 뉴랜드 때문이라 고 고백한다. 그녀는 뉴랜드를 통해 자신의 유럽 생활과 대비되는 고상하 고 아름다운 사랑을 이해하게 되었다. 그가 결혼이 속임수라고 시인하자 그녀는 자신의 인생 또한 공허하기 때문에 소리 없이 운다. 엘렌은 그를 볼 수 있는 한 미국에 머물겠다고 약속하면서도 두 사람은 메이를 배신해 서는 안 된다고 다짐한다. 그는 두 사람이 이런 것밖에 가질 수 없다는 것 을 믿고 싶어 하지 않지만 그녀는 그런 현실을 그에게 확신시킨다. 그는 잠시 그녀를 포옹하고 그녀는 유럽에 돌아가지 않겠다고 약속한다.

이 장들에서는 줄리어스 보포트의 몰락을 지켜보는 가 운데 소소한 이야기들이 계속 흘러나온다. 여러 사람의 대화 에서 그의 수수께끼 같은 과거가 언급되며 뉴랜드는 그가 상 당히 늙어버린 모습을 보게 된다. 투기와 위험한 투자, 부주의 한 판단에 관한 소문이 표면화된다. 그러나 보포트는 아직도 매년 궁술대회를 성대하게 개최한다. 메이는 끝에 다이아몬드 가 박힌 값비싼 화살 핀을 상으로 받고 "보포트가 일을 훌륭 하게 처리하는 것은 부인할 수 없다"고 말한다. 메이가 지적 으로 부족하다고 솔직히 언급함으로써 다른 사람들이 그녀를 어떻게 보는지를 일별하게 해준 유일한 인물이 보포트란 사실 은 자못 의미심장하다.

인물탐색 영국에서 만난 프랑스인 가정교사에 대한 메이의 속물적인 견해 표명이 있은 직후 워튼은 메이가 뉴랜드의 생활을 단단히 통제하고 있다는 사실을 계속 보여준다. 그 무대는 뉴포트이다. 메이는 그 어머니의 딸이다. 이제 온순함과는 거리가 멀어진 메이는 뉴랜드의 일상생활에 일일이 간섭한다. 웰랜드 가는 뉴랜드가 살 집과 타고 다닐 브로엄 마차를 사준다. 그가 뉴포트에 가고 싶지 않다고 하자 장모가 허튼 소리라고 맞받는다. 메이는 파리에서 주문한 가운을 사람들에게 자랑해야 한다. 메이의 궁술대회 우승과 엘렌의 할머니를 찾아뵙자는 그녀의 갑작스러운 제안은 모두 뉴랜드가 뉴욕의 유한계급 생활에 깊이 둘러싸여 있다는 것을 상징한다. 불안감과 함께 생활의 각종 속박이 그를 짓누른다. 그러나 엘렌을 해변에서 데려오기를 주저하는 태도는 엘렌과의 꿈같은 생활이 환상에 불과하다는 것을 보여준다. 그는 자신의 사회적 지위를 결코 포기하지 않는다.

주제탐색 뉴랜드가 메이를 '평화, 안정, 우애, 벗어날 수 없는 강한 의무감'이라고 묘사할 때 워튼은 뉴랜드의 불안감에 대해 몇 가지 의문을 갖게 만든다. 이것은 워튼이 20세기에서 바라본 1870년대의 향수어린 뉴욕이다. 조만간에 닥칠 제1차 세계대전으로 초래될 혼란의 바다 속에서 결혼은 안정적인 영향력을 유지한다. 뉴랜드가 백작부인과 결혼하겠다는 꿈을 품었다는 것은 희미한 기억으로 묘사된다. 메도라 맨슨조차도 결혼은 '하나의 긴 희생'이라고 뉴랜드에게 일깨워준다.

그는 결혼을 했음에도 불구하고 엘렌을 잊지 못한다. 그는 불렝커 집안을 방문하는 진의에 관해 메이에게 거짓말을 하고, 그 다음에는 관광유람선에서 만나기 위해 무모하게 엘렌을 뒤쫓아 보스턴으로 간다. 아픈 사람이 발작적으로 음식이나 술을 갑자기 원하듯이 그의 그리움은 형용할 수 없는 끊임없는 갈망처럼 마음속에서 되살아난다. 뉴랜드와는 달리 엘렌은 두 사람이 사회로부터 교육받은 역할의 바깥에서 살 수 없다는 것을 깨닫는다. 사랑은 순수해야 하며 그렇지 않을 경우 무고한 사람들이 상처를 입게 된다. 뉴랜드는 마지못해 이에 동의한다.

인물
탐색 뉴랜드는 계속 고통스러워한다. 메이와 신혼여행중일 때 그는 남성적인 만족감과 사회적 규범으로 이루어진 과거의 생활방식으로 되돌아간다. 그는 이런 방식 속에서 편안한 기분을 느끼지만 이상하게 불안하다. 독자는 알고 있으나, 메이의 강철 같은 의지가 그의 단조로운 일상생활을 설계하리란 것을 그는 깨닫지 못한다. 환상적인 삶에 대한 갈망은 엘렌을 생각하는 것으로 충족된다. 그는 자신의 결혼이 속임수라고 선언하고, 뉴욕이 특성과 색깔과 다양성이 없는 '지독하게 지루한 도시'라는 엘렌의 견해에 동의한다. 동시에 뉴랜드보다 통찰력이 훨씬 뛰어난 엘렌은 두 사람이 자기네 세계의 노예들이란 사실을 알아차린다. "그곳에서 두 사람은 안전하게 갇힌 채 가까이에서 함께 지낸다. 그러나 각자의 운명에 너무 단단히 얽매여서 세상의 절반만큼이나 멀리 떨어져 있는 것과 마찬가지다."

Chapters 25-26

 처가에서 따돌림당하는 뉴랜드

뉴욕 시티로 돌아온 뉴랜드는 보스턴에서 본 사람을 다시 만난다. 이번에는 런던에서 온 가정교사 리비에르란 것을 알아본다. 두 사람은 그날 오후에 만나고 리비에르는 자신이 올렌스카 백작의 심부름꾼이라고 설명한다. 그는 백작이 백작부인 가족에게 몇 가지 새로운 제안을 했다고 말한다. 뉴랜드는 그녀의 가족이 그 제안을 놓고 논의하는 과정에서 자기를 의도적으로 배제시킨 사실을 알고 충격을 받는다. 그는 뉴포트에서 메이가 엘렌에 관해 했던 얘기를 기억해 내고 자신의 갑작스러운 반대의견이 메이에게는 그녀의 가족이 더 이상 그의 의견을 신임할 수 없도록 만든 신호가 된 것을 깨닫는다. 따라서 메이의 가족들은 이제 집안회의에서 그를 제외시킨다.

리비에르는 비록 자기가 백작에 대한 의무는 성실하게 수행했지만, 진심은 백작부인이 백작에게 돌아가서는 안 된다는 것이라고 하면서 뉴랜드가 그녀의 가족들을 납득시켜주기를 희망한다. 리비에르는 엘렌이 변한 것을 보았고, 그 원인이 미국의 도덕적 기준이 유럽보다 더욱 단호하기 때문이라고 믿는다. 엘렌의 가족은 백작이 보낸 편지에 적힌 대로 백작이 부인을 그리워한다고 믿게 되었다. 리비에르는 그런 편지 내용은 사실이 아니라고 말하고, 엘렌이 돌아가면 훨씬 불행해질 것이라고 넌지시 말한다.

이제 곧 11월이 되고, 뉴랜드가 엘렌을 마지막으로 본 지 4개월이 지났다. 그녀는 현재 워싱턴에서 이모와 함께 지내고 있다. 뉴랜드의 어머니는 제이니, 메이, 아처와 함께 만찬을 하자고 실러턴 잭슨을 초대한다. 그들은 평소와 마찬가지로 세상의 소문을 이야기한다. 뉴욕 사교계가 의심스러운 사업거래를 용납하지 않기 때문에 레지나의 가문이 곧 불명예를 겪게 될 것이라고 잭슨은 생각한다. 소문 이야기는 다시 엘렌에게로 옮겨간다. 아처 부인과 메이, 그리고 가족들은 엘렌이 남편에게 돌아가지 않기로 한 것을 달가워하지 않는다. 가족들이 생활비를 줄였기 때문에 엘렌이 보포트에게 돈을 받은 것으로 리퍼츠 등 많은 사람들이 믿고 있다고 잭슨이 나중에 서재에서 뉴랜드에게 귀띔한다. 뉴랜드는 엘렌의 생활비를 줄인 사실을 역시 모르고 있으며, 엘렌과 보포트 사이에 금전관계가 있다는 암시에 심하게 화를 낸다. 그는 메이와 함께 마차를 타고 집으로 가는 도중 그녀가 유달리 말이 없는 것에 주목한다. 그는 메이가 엘렌 생각을 하고 있다는 것을 안다. 그는 잠자리에 들기 전 업무차 워싱턴에 갈 예정이라고 말한다. 메이는 그가 엘렌을 보러 간다는 것을 안다. 그녀는 그녀 가족이 그의 최근 행동과 발언들을 못마땅하게 생각한다는 것을 분명하게 밝힌다. 그가 연기 나는 등불에 대해 불평하자 그녀는 등의 불을 끄면 문제가 해결된다고 말한다.

워튼은 뉴랜드가 엘렌을 위해 노랑색 장미를 사고 그 사실을 메이에게 언급한 이후 벌어진 여러 가지 장면에 이어

일관되게 발전한 한 가지 유형을 마침내 공개한다. 뉴포트에 있을 때 메이가 느낀 자신감, 엘렌이 유럽에 돌아가 남편과 함께 살면 더 행복할 것이라는 그녀의 의견, 뉴랜드가 알지 못하는 올렌스키의 새로운 제안들은 가족의 결속을 위한 무대를 만든다. 사교계가 무엇을 기대하는지 통보했음에도 불구하고 엘렌은 관습을 따르지 않는 쪽을 선택한다. 그리고 엘렌이 생활을 유지하는 데는 돈이 많이 든다. 그녀는 예술계 사람들과 사귀는 다른 사회의 보헤미안이다. 그녀는 사회적 관습들을 온전하게 유지하기 위해 '희생되어야 할 사람들' 가운데 하나인 것이 분명하다. 뉴랜드는 그녀에게 반했기 때문에 가족의 의사결정에서 배제되어야 한다.

주제탐색 이 여러 개의 장은 사회변화에 관한 워튼의 몇 가지 이론을 매우 분명하게 보여준다. 변화는 매우 느리게 일어나 종종 나중에 확대되는 조그만 균열처럼 나타나는 경우가 많다. 뉴랜드는 말한다. "뉴욕은 자체의 각종 변화를 관리한다. 그들은 공모해서 변화가 확연히 막을 내릴 때까지 그 사실을 무시한다. 다음에는 그 변화들이 이전 세대에 일어났다고 진심으로 생각한다." 가족의 대변인인 아처 부인은 매년 일어나는 변화들을 지켜보면서 건전하게 거리를 두고 비판하지만 그러는 동안 새로운 '받아들일 만한 사람들'(스트루더즈 부인과 같은 사람), 새로운 건물들, 새로운 기계들, 새로운 의견들(파리의 유행의상을 바로 입자는 것과 같은 의견)이 도입된다. 보포트와 같은 벼락부자들이 이제 유행을 주도하는 듯이 보인다.

주제탐색 보포트가 뉴욕 상류사회에서 추락하고 엘렌이 가족으로부터 추방되는 두 가지 사건이 동시에 논의된다. 남자들의 경우, 재정적인 불법거래는 처벌을 받지만 불륜은 용서받는다. 재정적으로 의존하는 여자들은 불륜을 저지를 경우 추방된다. 레지나의 가족이 보포트의 의심스러운 금융거래 추문에 휘말릴 것을 걱정하는 것이 그 한 가지 예이다. 동시에 가족 내에서 엘렌의 입장은 보잘것없는 것으로 전락한다. 맨슨 밍고트 부인은 더 이상 엘렌의 결정을 두둔하지 않는다. 웰랜드 부인은 엘렌이 자기에게 걸맞는 수준(예술가들과 보헤미안들의 사회수준)으로 추락해야 한다고 믿고, '엘렌이 신사들로부터 많은 총애'를 받는다는 비열한 견해를 밝힌다

심지어 잭슨은 그녀가 보포트로부터 돈을 받았다고 암시한다. 그런 얘기들은 뉴랜드의 보수적 가치관과 엘렌이 보수적 기준을 초월한다고 믿고 싶은 그의 욕구 사이에서 갈등을 고조시키기 때문에 뉴랜드는 화를 낸다.

인물탐색 이 몇 개의 장은 2년 뒤 뉴랜드와 메이가 펼쳐나갈 결혼생활의 모습을 분명히 보여준다. '단호하고 음색이 분명한' 목소리를 지닌 메이가 그녀의 어머니와 닮았다는 뉴랜드의 생각에는 이론의 여지가 없다. 이 소설에서 그들 사회의 각종 태도가 어머니로부터 딸로, 아버지로부터 아들로 시종일관 계승되고 있다. 메이가 두 사람의 생활과 가족의 의사

결정에 관한 정보로부터 뉴랜드의 접근을 조용히 통제했다는 사실이 분명해진다. 그녀는 의도적이고 심사숙고한 자기 방식대로 웰랜드 부인이 되었다. 그녀는 남편을 달래고 그의 모든 기분을 다스리며 의견차이를 원만하게 수습한다. 뉴랜드는 아내에 대해 깨닫게 된다. "그녀는 참으로 젊다! 이런 생활이 얼마나 끝없이 계속될 것인가!"

문학적 장치 워튼은 이 소설에서 뉴욕 사회— 남편들과 아내들은 물론— 가 1870년대에 사용한 무언의 메시지를 시종일관 설명했다. 암호를 아는 사람들은 그 메시지를 이해한다. 이 장에서 침묵을 깬 워튼은 메이가 뉴랜드에게 준 메시지의 암호를 푼 것이 분명하다. 메이는 뉴랜드가 엘렌을 만나러 가는 사실을 안다. 뿐만 아니라 뉴랜드가 왜 엘렌에게 남편한테 돌아가지 말라고 권함으로써 상식은 물론 전체 가족에게 도전하는지 그 이유를 이해하지 못한다. 그녀는 뉴랜드가 그런 조언이 초래할 갖가지 결과를 염두에 두기를 희망한다. 그녀가 '가정주부의 명랑한 태도'로 이런 의견을 말해 주고 그의 눈을 똑바로 쳐다보는 것은 뉴랜드의 화를 더욱 돋울 뿐이다. 메이는 자신의 법적·윤리적 위상에 대해 확고한 태도를 갖고 있다. 갖가지 사회적 관습과 법적 관계가 뉴랜드에게 매우 깊이 각인되어 있기 때문에 그가 자기에게 돌아올 것을 안다. 자기 어머니처럼 그녀는 이번 일 역시 일과성 사건이란 것을 깨닫는다.

Chapters 27-30

 뉴랜드의 체념

    다음 수요일에 워싱턴에 가려던 뉴랜드의 계획은 보포트의 사업에서 생긴 위기로 인해 연기된다. 불미스러운 소문 때문에 은행의 예금인출 사태가 빚어졌고 줄리어스 보포트는 저주받은 인간이 되었다. '불쌍한 레지나'와 그녀가 어찌어찌 '남편 곁을 지킬 의무'에 관한 이야기가 많이 들린다. 이러한 와중에 뉴랜드는 메이로부터 캐서린이 가벼운 뇌졸중을 일으

켰으니 노 밍고트 부인 집으로 오라는 전갈을 받는다.

뉴랜드는 그곳에 당도하자마자 전날 밤 레지나 보포트가 밍고트 부인을 찾아온 사실을 알게 된다. 레지나는 가족에 대한 충성심을 발휘해 보포트 편에 서달라고 호소하러 왔던 것이다. 뉴랜드의 장인이 침대에 누운 채 일어나지 않음으로써 여자들끼리 그 문제를 해결하도록 허용하는 장면이 익살스럽다. 뉴랜드는 가족의 논의에 귀를 기울이고 '과거에는' 부부가 함께 치욕을 겪었다는 가족의 견해에 동의한다. 밍고트 부인은 엘렌을 불러달라고 요청하고 뉴랜드는 전보를 준비해야 한다. 메이와 그녀의 어머니는 뉴랜드의 기차와 엘렌의 기차가 딱하게도 서로 엇갈릴 가능성이 크다는 데 성급하게 동의한다. 길을 나서던 뉴랜드는, 할머니는 아마도 엘렌이 백작과 재결합하도록 납득시키고 싶어 하는 것 같다고 메이가 힘주어 하는 말을 듣는다.

다음날 캐서린은 병세가 다소 호전되자 자신의 뇌졸중을 소화불량이라고 발표하기로 결정한다. 백작부인은 답신에서 다음날 기차로 저지시티에 도착한다고 알려온다. 뉴랜드는 그녀를 기차역으로 마중 나가겠다고 하고 웰랜드 부인은 동의한다. 메이는, 뉴랜드가 특허소송사건으로 워싱턴을 방문해야 한다고 믿게 만들어놓고 마중을 나갈 수 있다고 하는 것이 이상하게 생각된다. 그는 소송사건이 연기되었다고 말하지만 메이는 뉴랜드의 상사가 최대의 특허소송사건으로 워싱턴에 가기 때문에 남편의 이런 변명도 이상하게 여긴다. 뉴랜드의 거짓말을 집요하게 추궁하는 것은 극히 메이답지 않은 태도이다. 두 사람은 뉴랜드가 거짓말을 하고 있다는 것을 안다. 그러나 이런 사실을 잊은 뉴랜드는 집으로 오는 마차 안에서 엘렌과 함께 보내게 될 관능적인 두 시간을 생각한다.

뉴랜드는 엘렌의 기차를 기다리면서 허드슨 강 아래 기차 터널이 만들어질 것이기 때문에 페리선이 불필요해진다는 어느 전문가의 미래 예측에 관해 생각한다. 미래에는 대서양을 닷새에 횡단하는 배, 날아다니는 기계, 전깃불, 전신줄이 필요 없는 통신수단이 등장할 것이다.

뉴랜드는 엘렌과 함께 마차를 타고 가는 동안 그녀에게 해주고 싶은 말을 하는 낭만적인 꿈을 그려본다. 그녀가 도착하자 그는 그녀의 장갑을 벗기고 손바닥에 입을 맞춘다. 그녀는 손을 뺀다. 그는 하려고 했던 말을 모두 잊은 채 리비에르가 찾아왔던 사실을 말하고, 그녀가 남편을 떠나는 데 그의 도움이 있었는지 묻는다. "그래요"라는 대답이 있고 나서, 실현될 수 없는 꿈을 꾸는 뉴랜드와 솔직하게 현실적인 얘기를 하는 백작부인 사이에 주목할 만한 대화가 이어진다. 그는 두 사람이 '함께 있으면서 떨어져 있는 상태'는 지속될 수 없다고 말한다. 갑자기 엘렌은 그가 오지 말았어야 했다고 말하며 그의 입술에 키스해 사랑을 표현한다. 그는 자기들이 선택할 수 있는 몇 가지 방법을 생각하다가 그녀에게 정부가 되어 함께 도피하자는 의견을 낸다. 엘렌은 두 사람이 도피해 명예롭게 살 수 있는 나라가 어디 있느냐고 물음으로써 그를 무색하게 만든다. 그녀는 과거에 불륜을 범한 적이 있음을 암시하고, "도피처의 생활이 어떤지 나는 알아요"라고 말한다. 사랑하는 여자를 소유할 방법을 알지 못하는 뉴랜드는 가슴이 아픈 나머지 마차에서 내려 내리는 눈을 맞으며 집으로 걸어간다. 마차는 떠나고 그는 자기 눈물이 눈썹에 얼어붙는 것을 느낀다.

그날 저녁 아처 저택의 분위기는 숨막힐 듯이 답답하다. 뉴랜드는 메이가 지치고 창백한 모습에 주목한다. 그들은 집에서 식사를 하고, 그는 마차에서 일찍 내린 이유에 대해 다시 거짓말을 한다. 메이는 식사를 하는 동안 엘렌에 관해 한 마디도 언급하지 않았다. '불길한 징조'다. 식사 후 두 사람은 서재로 간다. 그는 빠른 속도로 자기 어머니처럼 변해가는 이 상상력 없는 아내와 여생을 보낼 생각을 하자 갇힌 기분이 들어 얼음처럼 차가운 밤공기 속으로 서재 창문을 연다. 메이가 감기에 걸려 죽는다며 말리고, 그는 자신이 이미 여러 달 전에 죽었노라고 생각한다. 그는 메이가 젊은 나이에 죽어 자기를 자유롭게 해주면 인생이 어떻게 달라질지를 그려보다가 죄의식을 느낀다. 그녀는 남편이 불행해 하는 사실을 전혀 눈치 채지 못한다. 그가 창문을 열지 못하면 결코 행복을 느끼지 못할 것이라고 힘주어 말했을 때 상상력이 없는 그녀의 머리는 그 뜻을 이해하지 못한다. 그가 엘렌을 결코 가질 수 없고, 영원히 메이의 남편 노릇을 하리란 것을 깨닫는 순간이다.

엿새인가 이레가 지나가고 메이는 아처 혼자 밍고트 할머니 댁을 방문하라는 의견을 낸다. 그는 엘렌을 만나 워싱턴으로 출발하는 날짜를 물어보게 되기를 희망한다. 그가 밍고트 부인 댁으로 가서 대화를 하는 동안 캐서린은 엘렌이 뉴랜드와 결혼하지 않은 것이 딱하다는 이상한 말을 한다. 그는 가족들이 이야기해 주지 않은 내용을 캐서린에게서 듣는다. 백작의 몇 가지 제안은 매우 호조건이고, 가족들은 캐서린이 엘렌에게 주는 생활비를 줄여 그녀가 어쩔 수 없이 남편에게 돌아가게 되기를 원했다. 그러나 캐서린은 엘렌이 다시 우리에 갇히는 것을 용납하지 않겠다고 말한다. 대신 엘렌은 미국에 머물며 그녀를 간호하게 될 것이다. 뉴랜드는 이 말을 엘렌이 자기와 가까이 있고 싶어 한다는 의미로 해석한다. 밍고트 부인은 뉴랜드에게 자신의 결정을 가족에게 발표하고 옹호해 달라고 부탁한다. 한편, 엘렌은 레지나 보포트를 만나러 갔고 캐서린은 두 여자 모두 용기가 있다고 믿는다. 그녀는 메이에게 안부를 전하되 두 사람의 대화내용은 이야기하지 말라고 뉴랜드에게 당부한다.

주제 탐색 남편들과 아내들. 불미스러운 사건과 거짓말. 이 몇 개의 장은 1870년대의 윤리관과 그 윤리관이 만들어낸 고통스러운 상황을 선명하게 묘사하면서 소설을 빠르게 결론으로 이끌고 간다. 첫 번째가 보포트 집안의 문제다. 가족에 대한 충성 대 불명예가 해결되어야 할 갈등이다. "뉴욕 전체가 보포트의 불명예에 관한 이야기로 어두워졌다. 레지나가 노 밍고트 부인을 방문하고, 이어서 그 노친네가 뇌졸중을 일으킨 뒤 레지나의 역할에 대한 일말의 동정심마저 사라진다." 레지나의 집안이 노스캐롤라이나로 낙향해 경주마 사육장을 운영하는 것이 예의바르고 올바른 처사이며, 줄리어스는 실제로 '말 거래상'을 하면 된다. 뉴랜드와 메이의 의견도 같다. 아프거나 건강하거나 역경을 당할 때 부부는 함께 견뎌야 한다. 그러나 엘렌은 레지나를 동정해 이렇게 말한다. "그녀는 불한당의 아내예요. … 나도 마찬가지입니다. 그러나 우리 가족 모두는 내가 남편에게 돌아가기를 원하죠." 다른 사람들은 몰락한 레지나를 찾지 않아도 엘렌은 찾을 것이다.

인물 탐색 두 번째로 뉴랜드는 거짓말의 거미줄에 걸려 있다. 메이가 소송의 변경과 워싱턴 여행에 관해 남편에게 끈질기게 설명을 요구하는 과정에서 그녀가 남편의 거짓말을 눈치채고 있다는 사실이 드러난다. 남편의 행동에 대한 그녀의 슬품은 이 소설에서 하나의 중요한 주제다. 두 사람은 그들이 속한 문화와 행동규범의 산물이다. 명예는 두 사람에게 남편과 아내로 머물 것을 요구한다. 남편이 엘렌을 사랑하는 것에 대해 큰소리로 따질 수는 없지만 남편이 불행해 하고 자기가 그의 애정을 지키는 데 실패한 사실을 분명히 인식하고 있다.

문학적 장치 ▶ 엘렌은 현실주의자다. 그녀는 두 사람이 감히 불륜을 저지를 경우 그들은 사회적인 신조들과 습관들을 잃게 되리란 것을 알고 있다. 뉴랜드가 그녀에게 남편을 떠나서 고독하지만 명예로운 인생을 살 권리가 있다고 두둔하면서 이러한 점을 그녀에게 알려준 바 있다. 은밀한 불륜은 기품 있는 사람들이 지켜야 할 여러 원칙의 종말을 의미한다. 그는 엘렌을 가까이 두고 싶어 하는 낭만주의자이지만 엘렌이 고독 속에서 치르게 될 대가는 고려하지 않는다. 그는 말한다. "당신은 나를 우연히 계속 만나게 될 것입니다."

　　뉴랜드는 엘렌이 입을 맞추자 그녀가 자기를 매우 사랑한다는 사실을 깨닫고는 엘렌도 소유하면서 메이와의 결혼생활도 유지할 수 있는 삶을 상상한다. 그 시대의 산물인 남성의 만족감이 그의 결심을 추진하는 배후 원동력이다. 그녀가 '정부'란 말을 할 때 그는 여자가 입에 담아서는 안 될 교양 없는 말이라고 생각한다. 그가 사회적 인습을 깨는 남자가 아닌 반면, 그녀는 생활을 더욱 현실적으로 본다. 그는 탄식한다. "그러한 단어들이나 부류들이 존재하지 않는 세계로 당신과 도피

하고 싶습니다." 현실주의자 엘렌은 함께 도피한다 해도 그들의 사랑은 인생의 초라한 모조품이 될 것이며 두 사람은 더욱 작고 볼품없는 존재로 전락하게 되리란 것을 안다. 그녀는 묻는다. "오, 내 사랑, 그런 나라가 어디 있나요? 그런 나라에 가본 적이 있나요?" 그녀는 뉴욕 상류사회의 밖에서 살아본 적이 있으며, 뉴랜드는 생래적으로 뉴욕의 생활에 묶여 있고 그 생활이 없을 경우 불행해지리란 것을 안다.

서재에 메이와 단 둘이 있으면서 자수판 위에 고개를 숙이고 있는 그녀의 머리를 바라보며 이런 생활이 자신의 인생이란 것을 깨달을 때 뉴랜드의 답답한 마음이 드러난다. 엘렌이 옳다. 두 사람은 그들과 얽혀 있는 사람들에게 상처를 주어서는 안 된다. 그는 죽은 생활을 하게 될 것이며 상상력이 없는 이 여자에게 영원히 묶여 있을 것이다.

Chapters 31-33

 이별을 강요당하는 두 연인

뉴랜드의 계획은 엘렌이 워싱턴으로 갈 때 어느 기차를 타는지 확인하고 만나서 함께 일본으로 도피하는 것이다. 메이에게는 쪽지를 남길 것이다. 그러나 뉴랜드는 엘렌이 밍고트 부인 댁에 머물 것이란 사실을 밍고트 부인으로부터 듣고는 안도감을 느끼며 이 계획을 포기한다.

걸어서 집으로 돌아오던 뉴랜드는 엘렌이 보포트의 집에서 나오는 것을 보고 그녀와 이야기하기 위해 멈춘다. 불행히도 로렌스 리퍼츠와 젊은 치버즈가 지나다가 두 사람을 본다. 자기네가 그들의 눈에 띈 것을 알고 움츠러든 뉴랜드는 자신과 엘렌이 어떻게 남의 시선을 피해 은밀한 생활을 할 수 있을까 의문이 생긴다. 그는 엘렌에게 다음날 메트로폴리탄 박물관에서 만나자고 간청한다. 그러나 엘렌은 이런 생각을 싫어하는 듯이 보인다. 독신으로 사는 엘렌의 자유를 그가 앞서 이론적으로 옹호했음에도 불구하고 다음 발언이 그의 본심을 드러낸다. 왜냐하면 그녀가 떠난 뒤 "그녀는 올 거야"라고 한 말이 경멸에 가까웠기 때문이다.

다음날 두 사람은 박물관의 여러 고대문명의 잔해들 가운데서 만난다. 그녀는 두 사람의 미래를 논하면서 자신이 할머니와 함께 지내는 것이 두 사람이 사랑하는 사람들에게 '회복 불가능한 상처를 주는 것'을 막는다고 설명한다. 그러나 그녀는 뉴랜드의 압력에 마지못해 굴복하고, 장래의 간단한 성적 만남에 동의한다. 그녀는 그 후 유럽으로 돌아갈 결심이다. 그는 이러한 깊은 관계가 그녀를 떠나지 못하게 압박할 힘을 줄 것이라고 생각한다. 이어 뉴랜드는 집으로 가서 메이를 만난다. 메이는 밍고트 부인의 저택에서 엘렌을 만났으며 엘렌과 '참으로 좋은 대화'를 나누었다고 말한다. 그녀는 자신이 엘렌을 잘못 판단했다고 생각한다. 다음 날 저녁 반 더 루이든 부부가 오페라에 가기 전 아처 부인의 집에서 조촐한 만찬을 함께 한다. 실러턴 잭슨과 뉴랜드, 메이도 합류한다. 그들은 상당한 시간 동안 엘렌에 관해 논의하고, 엘렌이 보포트의 집을 방문할 때 밍고트 부인의 마차를 사용하는 것에 반대한다. 만찬 후, 일행은 오페라를 관람하고, 뉴랜드는 그 오페라가 엘렌을 만나던 날 본 것과 같다는 것을 기억한다. 메이는 웨딩드레스를 고쳐서 만든 옷을 입고 있으며 안색이 창백한 것을 제외하면 외모가 2년 전과 같아 보인다. 메이가 다른 사람에게 부당한 행동을 하고는 자기가 행복해질 수 없노라고 한 말을 뉴랜드는 상기한다. 모든 사실을 고백하고 자유를 요구하기로 결심한 뉴랜드는 머리가 아프다는 핑계를 대고 메이와 집으로 돌아온다.

집에 돌아온 두 사람은 서재로 들어간다. 그러나 뉴랜드가 고백하기 전에 메이는 맨슨 밍고트 부인이 엘렌에게 생활비를 제공해 왔으며, 엘렌이 곧 유럽으로 돌아간다는 사실을 밝힌다. 메이는 바로 그날 오후 엘렌으로부터, 친구들이 자기에게 마음을 돌리라고 촉구하는 것은 쓸데없는 짓이라고 밝힌 편지를 받았었다. 메이는 수수께끼처럼 "나는 그녀가 모든 것을 이해한다고 생각해요"라는 말을 남기고 침실로 간다. 뉴랜드는 놀라서 아무 말도 못한다.

나중에 뉴랜드가 밍고트 부인을 만나고 집으로 돌아오자 메이는 엘렌을 위해 고별만찬을 연다고 말한다. 뉴랜드가 이유를 묻자 그녀의 태도는 매우 완강하다. 고별만찬을 열어주어야 마땅하다고 자기 어머니가 동의했다는 것이다. 이 고별만찬은 두 사람이 결혼한 이후 최초로 대규모가 될 것이다. 뉴랜드가 엘렌을 본 지 열흘이 지났다. 그는 엘렌이 유럽으로 돌아가고 자신이 그 뒤를 따라가는 것을 심사숙고한다.

고별만찬이 열리는 저녁이 되고 참석자 전원이 모이자 '창백하고 까칠한' 엘렌이 나타난다. 뉴랜드는 그녀를 바라볼 때마다 자신의 사랑에 관한 여러 가지 기억이 되살아난다. 이제 엘렌이 떠나기 때문에 밍고트 가와 웰랜드 가는 그녀에게 자기네 애정을 표현한다. 이러한 행위는 '부족에서 곧 제거되는 친척 여자에 대한 부족의 지지시위'가 분명하다고 뉴랜드는 생각한다. 뉴랜드는 모든 가족이 자신과 엘렌이 연인 사이라고 믿고 있으며, 가족들은 가능한 가장 문명화된 방법으로 두 사람을 갈라놓고 있다는 사실을 문득 깨닫는다. 뉴랜드와 엘렌은 모든 시선이 자기들을 보고 있다는 것을 의식하며 저녁 내내 가벼운 대화를 나눈다.

신사들이 시가를 피우기 위해 서재로 물러간다. 리퍼츠는 뉴욕 사교계의 가치관 쇠퇴에 관해 설명한다. 이윽고 남자들은 응접실로 돌아가 '승리를 기뻐하는 메이의 눈빛'을 본다. 뉴랜드는 자신과 엘렌이 연인 사이란 것을 메이도 믿는다는 사실을 깨닫는다. 메이는 패배시킨 적(敵) 엘렌의 볼에 입을 맞춘다. 뉴랜드는 홀까지 엘렌을 배웅하며 망토를 입혀준다. 그가 잠시 단 둘이 있게 되었다고 생각할 때 반 더 루이든 부부가 나타나 자기네 마차에 엘렌을 태우고 가겠다고 말한다. 뉴랜드가 머지않아 파리에서 만날 것이라고 말하자 엘렌은 메이가 함께 올 수 있다면 좋겠다고 분명히 말한다. 그러고 나서 그녀는 떠난다.

만찬이 끝나고 뉴랜드와 메이는 서재에 앉아 있다. 뉴랜드가 다시 고백을 시작하려다가 매우 지쳤기 때문에 장기간 여행을 떠나야겠다는 말을 한다. 메이는 의사가 자신의 동반을 허락하지 않을 가능성이 있다고 생각한다. 이때 그녀는 어머니와 시어머니 두 사람에게는 임신한 사실을 이미 알렸다고 밝힌다. 뉴랜드는 2주일 전 메이와 엘렌이 나눈 대화가 메이의 임신에 관한 것이었다는 사실을 불현듯 깨닫는다. 메이는 여행에 동반하지 않아도 무방하냐고 물으며 뉴랜드를 뚫어지게 바라본다. 뉴랜드는 그녀에게 질문을 하는 과정에서 그녀가 임신을 확신하기 오래 전에 그 소식을 엘렌에게 전한 사실을 알게 된다.

: 풀어보기

인물탐색 뉴랜드가 사회의 모든 윤리적 기반에 거역하는 것을 정당화할 수 없다는 점을 워튼은 독자들에게 보여준다. 은밀하게 혼외정사를 즐기는 남자들과 자신은 다르다고 믿기를 원하는 뉴랜드는 자기 행동을 합리화하는 데 상당한 시간을 소비한다. 사회는 사랑 문제에 관해 여자들에게 성실할 것을 기대하지 않기 때문에 돌리 러시워스 부인이 혼외정사를 갖는 것은 무방했다. 사실 여자들은 권력이 없기 때문에 솔직하지 않아도 되었다. 그러나 합법적으로 혼인한 아내가 기만당하는 것은 아무도 비웃지 않았다. 남자들은 보다 높은 기준을 지켜야 했으며 결혼한 다음 방탕한 생활을 하면 경멸당했다. 그는 실러턴 잭슨에게 여자들이 '자유로워야 한다'고 말하는 한편, 엘렌이 자기를 만나러 오도록 설득할 수 있다고 생각하면서 엘렌을 경멸하듯이 바라본다. 뉴랜드가 자기 집 앞을

지나가며 집 안에 있는 아내를 생각하면서 마음이 불편해 하는 모습을 워튼은 다시 보여준다. 그녀는 명예와 기품을 유지하며 편안하게 생활하기 위해 아내로서 해야 할 모든 일을 하고 있다.

문학적 장치 ▶ 박물관에서 시간은 상징적인 가치를 띤다. 뉴랜드와 메이는 과거 여러 문명의 유물들 가운데서 만난다. 지금 그 유물들은 '시대 미상'이 되었다. 어느 시대에 만들어졌는지 불분명하다. 다수의 유물에는 '용도 불명'이란 설명이 붙어 있다. 엘렌은 이러한 유물들이 한때 이것들을 사용했고 소중하게 취급했던 잊혀진 사람들의 소유물이었다는 역설적인 지적을 한다. 결국 영원히 지속되거나 중요한 것은 없다는 사실이 엘렌에게는 잔인해 보인다. 뉴랜드는 이러한 유물들에서 결혼하기 전 엄격하게 갖춰졌던 혼수품 일습과 수많은 의무를 기억해 낸다. 이어 그는 '형식'에 대한 경박한 관심에 대한 견해를 밝힌다. 소위 문명화된 생활의 사소한 세부사항들이 지금은, 신비주의적이거나 추상적인 용어론을 주장한 중세학자들의 습작처럼 보인다고 그는 생각한다. 무자비한 힘을 발휘하는 시간이 '용도 불명'이란 설명이 붙은 장신구들과 유물들, 그리고 까다로운 사회적인 각종 구별을 휩쓸어감으로써 그 모든 것들이 무의미함을 보여준다. 워튼은 이 고별만찬 장면을 통해 같은 부류의 인간들이 결혼을 지키기 위해 쌓는 보호벽을 놀라울 정도로 탁월하게 묘사한다. 만찬을 주최한 저녁의 분위기는 진실하고 이타적이며 부드러워 보이지만 실제로는 가족과 메이가 교묘히 연출한 것이다. 가족들은 한순간도 뉴랜드와 엘렌이 단 둘이 있도록 허용하지 않는다. 최고급 요리와 여러 하인들 속에 사는 이 사회는 가족을 보호하기 위해 자기네 구성원 한 사람을 희생시킨다. 뉴랜드가 엘렌에 대한 감정의 유혹을 받았던 이 책의 앞부분에서는 결혼계획이 신속하게 추진된다. 뉴랜드가 모든 사실을 고백하기 직전에 메이의 임신사실이 발표된다. 메이는 체스를 하는 사람처럼 남편이 둘 가능성이 있는 수를 고려했고, 양가 어머니의 도움을 받아 그를 좌절시킬 수 있는 방어조치를 마련한다. 그들은 뉴랜드가 임신한 아내를 버리고 엘렌과 유럽으로 가지 않으리란 것을 안다. 뉴랜드는 상당한 기간 동안 가족의 정보통로 바깥에 있었기 때문에 그 사실을 깨닫지 못했다.

주제 탐색 마지막 몇 장은 메이의 갖가지 행위에 동의하는 강력한 사회질서를 부각시킨다. 보포트의 불미스러운 사건이 일어났을 때 반 더 루이든 부부는 스쿠이터클리프로 피신한다. 이제 반 더 루이든 부부는 사회질서를 바로잡기 위해 '내키지 않지만 영웅적으로' 돌아온다. 뉴랜드는 자기 집안에서 일어나는 사건들의 배후에서 진행되고 있던 흥정과 음모를 여전히 알아차리지 못한다. 메이는 고별만찬을 열 것이라고 발표하면서 엘렌과 나눈 대화를 남편에게 말한다. 이 대화에서 메이는 뉴랜드와 자신의 의견이 같다는 점을 지적한다. 메이는 임신

사실을 확인하기 오래 전에 엘렌에게 영향력을 행사하기 위한 수단으로 그것을 사용한 사실이 나중에 밝혀진다.

　　이 모든 속임수는, 인생을 가치 있게 만들고 사회질서를 온전하게 유지하는 가치관의 보존을 위해 개인감정이 희생되어야 한다는 워튼의 중심 주제를 뒷받침한다. 그 가치관은 제1차 세계대전 이전의 구 뉴욕 사교계에 존재했다.

인물탐색 마지막 몇 장은 또한 메이와 뉴랜드의 역할을 강조한다. 주의 깊은 독자들은 주목하고 있겠지만 뉴랜드가 간과하는 메이의 변화를 워튼은 자세히 묘사한다. 메이는 남편의 어깨 위에 손을 얹는데, 이는 '매우 드문 위로의 몸짓'이다. 메이의 창백한 안색에도 불구하고 워튼은 그녀의 생동감 넘치는 발언과 '부자연스럽게 활기찬 모습'을 여러 차례 묘사한다. 메이는 남편의 말에 주의를 기울이며 껴안고 입을 맞추고 다정한 관심을 보여주는 듯하다. 그녀는 자신이 엘렌과 밍고트 할머니 댁에서 유익한 대화를 나누었다는 의견을 밝힌 뒤 이러한 행동을 한다. 워튼은 메이에게 최후의 승리를 안겨줄 준비를 한다. 이 만찬에서 뉴랜드가 담당한 역할은 방관자이다. 그는 죽은 사람의 영혼이 몸에서 떠나 현실 위에 떠 있는 느낌이다. 그는 만찬에 참석한 가족들을 바라보면서 "사람들이 자신이 모르는 여러 가지 수단을 동원해서 함께 죄를 지은 엘렌과 그를 갈라놓는 데 성공했다"는 사실을 갑자기 깨닫는다. 그것은 피 한 방울 흘리지 않고 목숨을 빼앗는 문명화된 방법이다.

Chapter 34

 엘렌의 아파트 앞에서

　26년이 지난 신세기, 57세가 된 뉴랜드 아처는 메트로폴리탄 박물관의 새 전시관 준공식에서 방금 돌아와 이스트 39번가의 자기 서재에 앉아 있다. 그는 오래 전 백작부인과 박물관에서 만났던 장면들을 떠올리며 회상에 잠겨 있다. 그는 메이가 그의 서재에서 임신사실을 밝힌 것을 기억한다. 그들의 가냘픈 아들 댈러스가 세례를 받았고 조금 있다가 걸음마를 시작했다. 딸 메리는 레지 치버즈 부부의 평범한 아들들 가운데 하나와 약혼했고, 결혼식 날 서재에서 뉴랜드가 입을 맞추자 표정이 환하게 밝아졌다. 가문의 친구인 시어도어 루스벨트가 이 저택에 머물 때 뉴랜드와 대화를 나누었다. 네드 윈세트가 종종 그에게 당부했던 것처럼 루스벨트는 뉴랜드를 설득해 공직에 출마하도록 했다. 주의회 의원으로 단임만 일한 뉴랜드는 원로정치인으로 자리 잡았고 도시의 갖가지 사업에 자문을 해주며 자선사업에 관여한다.

　그와 메이의 결혼생활은 무덤덤했지만 품위가 있었다. 그는 아내의 죽음을 진심으로 슬퍼한다. 아내는 셋째인 빌을 간호하다가 전염성 폐렴에 걸려 2년 전에 세상을 떠났다. 뉴랜드는 잉크스탠드 가까이에 지금도 놓여 있는 메이의 첫 번째 사진을 바라보고 아내가 죽을 때까지 이 사진처럼 변하지 않았다고 생각한다. 냉혹한 신세기적 현실성을 지닌 자식들조차도 그녀의 순진한 생각을 떨쳐버리기를 주저했다. 전화가 울리자 뉴

랜드는 댈러스와 통화한다. 건축가인 댈러스가 시카고에서 장거리전화를 건 것이다. 댈러스의 목소리는 놀라울 정도로 가깝게 들린다. 뉴랜드는 업무차 자기와 함께 유럽에 가자고 요청하는 아들의 말에 귀를 기울인다. 뉴랜드의 아들은 6월5일 패니 보포트와 결혼할 예정이다. 패니는 레지나 보포트가 죽고 난 뒤 줄리어스가 여러 해 전에 결혼한 패니 링의 딸이다. 시대는 변했고, 이 두 사람의 결합을 비난하는 사람은 아무도 없다.

뉴랜드는 아들과 함께 파리에 간다. 오래 전 그는 엘렌에게 파리에서 만나자고 말한 적이 있지만 그 약속을 지키지 못했다. 당시에는 자신이 혈기왕성하고 낭만적인 사람이라고 생각했으나 지금은 중년의 퇴물인 것을 알고 있다. 엘렌은 남편에게 돌아가지 않았고 재혼도 하지 않았다. 백작이 죽자 파리에 살고 있던 엘렌은 미망인이 되었다.

댈러스의 약혼녀 패니가 댈러스에게 몇 가지 부탁을 했다. 그 가운데 하나가 자신이 유럽에서 학교에 다닐 때 친구가 되어준 올렌스카 백작부인을 만나달라는 것이었다. 그래서 댈러스는 두 사람에 대한 백작부인의 초대를 받아들였다고 아버지에게 이야기한다. 그는 백작부인이 과거 뉴랜드에게 '너의 패니'였다는 사실을 알고 있다고 밝힌다. 놀란 뉴랜드는 왜 그렇게 생각하는지 묻는다. 댈러스는 어머니가 임종할 때, 뉴랜드가 '가장 원했던 것을 포기'했으며, 백작부인에 대한 남편의 사랑을 알고 있었다는 얘기를 했노라고 담담하게 말한다. 그의 충실하고 상상력이 없는 아내가 모든 사실을 알고 있었다는 것을 깨닫고 놀란 뉴랜드는 아내가 그의 희생을 동정했음을 알고 가슴이 뭉클해진다.

댈러스는 베르사유를 방문하기 위해 떠나고 뉴랜드는 파리 시내를 산책하면서 여러 박물관과 화랑, 화려한 사교생활, 뉴욕 시티보다 더 자유로운 세계가 있는 이 도시에서 엘렌이 분명히 누렸을 경탄할 만한 생활에 대해 생각한다. 그는 엘렌이 그곳 미술관을 가끔 찾지 않았을까 해서 루브르를 향해 가며 57세인 자신을 생각해 본다. 봄철의 달콤한 사랑은 이제 불가능하겠지만 어쩌면 두 사람이 가을의 성숙한 동반자 관계를 유지할 수 있을지도 모른다. 그날 늦게 뉴랜드와 댈러스는 앵발리드를 걸어가 엘렌의 아파트 밖에서 발걸음을 멈춘다. 날은 저물고 주변 풍경은 평화롭고 쾌적하다. 벤치에 앉은 뉴랜드는 댈러스에게 혼자 엘렌의 아파트에 올라가라고 한다. 잠시 동안 앉아서 생각을 정리하고 싶었기 때문이다. 댈러스는 엘렌이 기억하는 30년 전의 젊은 뉴랜드와 더욱 비슷할 것이다. 아들이 떠난 뒤 뉴랜드는 두 사람의 만남이 어떤 모습일지 상상하며 '내가 올라가는 것보다 여기 남는 것이 나에게 더욱 현실적'이란 것을 깨닫는다. 해는 천천히 지고 그는 일어나 호텔로 돌아간다.

: 풀어보기

주제 탐색 34장은 워튼의 이야기가 하나의 주기를 마치고, 내려진 결정과 지켜진 약속의 각종 결과를 보여주기 때문에 특히 중요하다. 신세기는 생활양식과 사회적 가치관이 현저히 변한 새로운 세계이며, 워튼은 제1차 세계대전으로 오래지 않아 모든 것이 영원히 변화하리란 것을 안다. 그녀는 착잡한 기분으로 어린 시절 뉴욕의 가치관을 되돌아본다. 그녀는 반 더 루이든의 세계가 사회적 질서를 지키기 위해 희생이 필요했던 곳으로 본다. 그러나 그녀는 신세기가 뉴랜드와 메이의 자녀들로 상징되는 개인들이 더 많은 자유를 누리는 곳이라고 생각한다.

문학적 장치 신세기의 모든 것은 과학적이고 기술적이다. 구 메트로 폴리탄 박물관은 전시물 목록을 '과학적인' 방법으로 작성하고 있다. 댈러스가 전등과 '현대적인' 가구를 몇 개 새로 설치했음에도 불구하고 뉴랜드는 자신의 이스트레이크 책상에 집착한다. 전통적인 식민지 시대 건축물은 이제 더 이상 지위와 부의 상징이 아니다. 그러한 것은 영국의 메조틴트와 치펀데일 가구에게 자리를 내주었다. 전화는 두 대륙의 사람들을 연결시켜주고, 전기는 밤에도 빛을 발한다. 대서양 횡단 항해는 닷새밖에 안 걸리고, 신형 호텔, 자동차, 항공기가 출현했다. 모든 현대식 제품들은 미국인의 생활양식을 바꾸고 있으나 이런 제품들은 보다 깊은 의미를 상실한 대량생산품의 일부다. 여러 면에서 워튼은 20세기 생활양식이 피상적인 제품들로 가득 차 있고, 그 대가로 심오한 감수성과 절제에 바탕을 둔 생활양식이 희생되었다는 것을 폭로한다.

심지어 각종 사회적 태도 역시 변하고 있다. 메이는 이런 세계를 이해하지 못할 것이며 편안함을 느끼지도 못할 것이다. 메이가 그레이스 교회에서 결혼식을 올린 것처럼 변하지 않은 것들도 몇 가지는 있다. 그러나 이제 남자들은 댈러스처럼 흥미로운 관심사를 직업으로 전환시킬 수 있다. 그는 아버지가 지닌 예술에 대한 사랑을 물려받는 한편, 그 사랑을 건축으로 승화시켜 사회적 인정을 받는 방법으로 활용할 수 있다.

법조계는 이제 남자가 유일하게 선택할 수 있는 직업이 아니다. 메리조차 여러 면에서 어머니와 다르다. 그녀는 메이의 전통적인 가치관을 일부 유지하고 있으나 여러 면에서 신여성이다. 메이가 활을 쏠 수 있었던 데 비해 메리는 등산을 한다.

문학적 장치 댈러스 역시 신세대를 상징한다. 그의 계급과 연령집단은 더욱 자신감에 넘치고 자유롭다. 뉴랜드는 아들의 '자신감 넘치는 걸음걸이와 쾌활한 미소'가 신흥 백만장자들과 계약을 맺는 데 유용하다고 말한다. 댈러스는 뉴랜드와 메이의 희생을 선사시대적인 것으로 생각한다. 뉴랜드는 아들에게 더욱 겸손하라고 가르치려 했던 반면, 댈러스는 남편과 아내가 자기 생각을 서로 이야기할 수 있는 세계에 산다. 제이니가 어머니의 보석을 선물하고 받아낸 댈러스와 패니 보포트의 결혼은 구질서에서 추방된 사람들을 위한 장소를 찾아내는 새 사회의 능력을 상징한다. 이제 보포트의 불미스러운 사건을 기억하는 사람은 없으며, 뉴랜드가 살았던 폐쇄적이고 조직된 세계에서 받아들일 수 없었던 일들이 지금은 허용된다.

주제 탐색 1870년대 뉴욕 기성 부유층의 생활에 형태와 조건을 철저히 부여했던 사회적 배경이 신세기에는 강력한 힘을 발휘하지 못한다는 개념을 워튼은 메이의 임종고백 장면을 통해 설득력 있게 설명한다. 뉴랜드가 엘렌을 위해 메이를 버리는 것이 '풍습과 명예, 그리고 모든 기성의 품위'를 상실하는 것으로 생각했다면, 댈러스는 그러한 희생을 선사시대적인 것이라고 생각한다. 메이는 뉴랜드가 다른 방식으로는 생활할 수 없다는 점을 이해했다. 그녀의 임신발표는 그의 이혼을 영원히 막았다. 뉴랜드는 이혼을 생각할 수 없는 세계 속에 강하게 얽매여 있었기 때문이다. 메이는 뉴랜드에게 그런 희생을 한 번도 요구하지 않을 것이다. 왜냐하면 그가 희생을 하기로 이미 양해되어 있었기 때문이다. 기성 질서를 유지하기 위해 개인의 열정은 포기해야 한다. 이제 제1차 세계대전이 끝나고 워튼은 착잡한 기분으로 그 개념을 되돌아본다. 1870년대의 뉴욕은 유럽의 전쟁으로 초래된 사회적 대변동을 겪지 않았고 사회의 전통적인 세계관은 아버지로부터 아들로, 어머니로부터 딸로 전해지며 개인의 희생에도 불구하고 소중한 안정을 확보했다.

여러 면에서 마지막 장은 구세계가 끝났다는 인식 속에서 횃불을 한 세대에서 다음 세대로 전달하는 과정을 다룬다. 뉴랜드와 엘렌이 박물관의 유물들과 시대 미상의 골동품들 사이에서 만나던 날 뉴랜드는 시간이 정체성과 애착과 관습을 앗아갔다는 것을 깨달았다. 당시 그러한 생각은 단지 추상적인 관념에 불과했다. 이제 20세기 파리에서 그 생각은 하나의 현실이다. 아이들이 태어나고 세례를 받고 자라서 떠나면 부모는 새로운 역할에 안주하고 마침내 죽는다. 뉴랜드의 젊은 아내 메이의 사진은 엘렌의 모습이 영원히 1870년대에 머물러 있듯이 시간 속에 얼어붙어 있다. 뉴랜드는 자신이 '회색 인간퇴물'이라고 생각하지만 아직도 옛 풍속을 고수하며 젊었을 때의 세상이 더 좋다는 것을 깨닫는다. 새로운 세계는 부모들보다 감수성이 예민하지 않지만 열정을 분명히 자유롭게 추구하는 그의 아들 같은 사람들 몫이다. 엘렌을 과거의 추억과 각종 사회적 제약으로부터 해방된 자유의 상징으로 기억하기로 결심한 뉴랜드는 긴 여운을 남기는 소설의 마지막에서 황혼 속으로 걸어간다. 젊은 시절 두 사람의 사랑에 대한 그의 추억만이 의미가 있다는 것을 워튼은 암시한다. 그의 사랑은 질서정연했던 다른 시대에 속해 있으며, 그대로 남겨둘 경우 그 기억은 소중한 것이 될 수 있다.

인물분석 노트

O 뉴랜드 아처

뉴랜드 아처는 지적 갈등의 연구대상이다. 그러나 표면을 한 꺼풀 벗기면 대립은 사실상 거의 존재하지 않는다. 그의 아내는 그 사실을 잘 알고 있다. 그는 처음 오페라 하우스에 나타날 때 사회의 고상한 예절에 투철하여 '자신의 두문자를 도안해 청색 에나멜로 그려 넣고 몸체를 은으로 장식한 2개의 솔로' 머리의 가르마를 조심스럽게 타고 사람들 앞에 나설 때는 반드시 단추구멍에 꽃을 꽂는다. 그는 완벽한 아내 메이에 관해 깊이 생각하고 장인장모가 그의 집과 심지어 타고 다니는 브로엄 마차를 사줄 때 아주 편하게 받아들이는 듯이 보인다. 그는 인습에 투철하기 때문에 엘렌에게 노랑색 장미다발을 충동적으로 보내고는 양심의 가책을 받아 미래의 아내에게 고백하지 않을 수 없다. 결혼식에 앞서 자신의 의무목록을 세심하게 점검하는 것은 인습에 대한 전형적인 순종이다. 뉴포트 해안에서 엘렌에게 가까이 가지 못하는 그는 전통에서 벗어난 행동이 그가 가능한 행동범위 밖에 있다는 것을 다시 한번 보여준다. 그는 열정적인 생활을 위해 결코 모든 것을 희생하지 않는다. 때때로 자신의 사회적 지위 속에서 질식하고 있다고 느끼면서도 그것을 벗어난 삶을 꿈꾸기만 할 뿐이다. 메이는 그가 자기 계급의 사회적 가치관을 고지식하게 지킨다는 사실을 알고 그것을 이용한다. 뉴랜드는 결혼하고 26년이

지났음에도 불구하고 인습적인 생활에서 편안한 소속감을 느낄 수 있다는 것을 깨닫는다. 개인이 자유롭게 행동하면 생활이 영원히 바뀌는 20세기에서는 유물과도 같은 존재다. 남자와 여자에 대한 성적인 이중 잣대는 그의 마음속에서 지적인 전투장이다. 여러 장면에서 그는 이러한 기준이 정당한지 여부에 대해 논의한다. 특히 그가 엘렌을 만나고 그녀를 원할 때 그렇다. 그러나 뉴랜드는 리퍼츠의 혼외정사를 눈감아준다. 그것이 자기 세계의 생활방식이기 때문이다. 그는 명예와 성실에 관해 설득력 있는 발언을 하지만 아내와 엘렌 모두를 원하는 이기적인 태도를 보이며 엘렌이 치르게 될 대가는 고려하지 않고 구차한 혼외정사를 잠시 생각한다.

뉴랜드는 엘렌 올렌스카와 네드 윈세트에 의해 상징되는 정열적인 생활과 지적인 자극, 자유도 염원한다. 그는 법조계라는 '신사다운 직업'에서 충족감을 느끼지 못하며 세련되고 열정적인 엘렌을 원한다. 그러나 결국 그는 지위와 '의무'라는 두 글자에 충실하게 된다. 워튼은 엘렌 올렌스카와 메이 웰랜드 아처가 뉴랜드와 맺은 관계에 의해 표현되는 극단적인 사회적 사고방식은 물론, 1870년대의 사회가 지닌 역설을 보여주기 위해 뉴랜드란 인물을 이용한다.

○ 메이 웰랜드 아처

사회규범의 완벽한 산물인 그녀는 소설 초기에는 사회

생활에 무지한 사람으로 시작하지만 끝부분에서는 지혜로운 여인으로 성숙해져 있다. 처음 등장할 때 그녀는 순수의 화신이다. 뉴랜드와 결혼하면서 지적 능력은 빈약하지만 남편을 다루는 지혜는 엄청나게 성장한다. 워튼은 뉴랜드 아처의 눈을 통해 메이를 보여주는 데 상당한 재능을 발휘한다. 뉴랜드는 그녀가 모든 고비마다 술수로 그를 능가하고 그의 불행을 알고 있다는 사실을 너무 늦게 깨닫게 된다.

그녀는 그 어머니에 그 딸이다. 그녀의 어머니는 편협하고 속물적인 태도를 드러낸다. 이러한 태도는 신혼여행을 하면서 만나는 사람들에 대한 메이의 논평과 유사하다. 항상 어머니가 어떻게 생각할 것인지 걱정하는 메이가 뉴랜드의 생활을 관리한다. 뉴포트에서 그의 일정을 세세히 준비하는 그녀는 결혼 2년 뒤 자기 어머니의 모습으로 변한다. 뉴랜드는 단단히 속박당하며, 그런 그가 엘렌을 만나려고 탈출하는 것은 놀라운 일이다.

소설 전반에 걸친 그녀의 전략적 행동은 그녀가 어머니 곁에서 제대로 배웠다는 것을 보여준다. 그녀는 플로리다에서 뉴랜드에게 편지를 보내 그가 엘렌의 매력에 반하기 직전 자신이 친절하다는 것을 일깨워준다. 그녀의 전보는 뉴랜드가 느끼는 유혹을 예측하고 봉쇄한다. 그녀는 뉴랜드의 아내라는 지위를 확고하게 지키며 마지막에 엘렌을 영원히 패배시키기 위해 임신이라는 책략을 사용한다. 여자가 아무런 힘도 갖지 못한 사회에서 여자들은 가능한 모든 수단을 쓴다. 엘렌을 위해 '고별만찬'을 베풀자는 그녀의 의견은 자신이 소유한 것을 지키겠다는 결의가 더욱 강해진 것을 보여준다. 임종의 자리에서 댈러스에게 한 고백은 그녀가 뉴랜드의 불행을 알고 있었을 뿐만 아니라 그들이 공유한 가치관과 의무도 완벽하게 이해하고 있었다는 것을 드러낸다.

그녀는 정서적인 생활이나 지적인 자극을 원하는 뉴랜드의 욕망을 충족시킬 수 없다. 그러나 그녀가 뉴랜드에게 걸맞은 완벽한 결혼상대이자 아내감이라는 것은 워튼이 구사한 진정한 역설이다. 다른 여자들처럼 그녀는 규범에서 조금이라도 벗어날 경우 '통속적'이고 생각할 수 없는 일이라고 선언함으로써 뉴랜드를 엄격하게 통제한다. 메이 웰랜드는 빈틈없는 훈련의 산물이다. 1870년대 부유한 뉴욕의 문명사회에서는 완벽한 배우자다.

○ 엘렌 올렌스카 백작부인

엘렌 올렌스카는 감상적인 환상의 생활을 갈망하는 뉴랜드를 충족시킨다. 그녀의 말씨와 대담한 의복, 실내장식 취향, 태도는 전통적인 뉴랜드에게 이국적인 것을 상징한다. 그녀는 뉴랜드가 자신의 좁은 존재범위에 의문을 느끼게 만들고, 그의 보호본능을 일깨운다. 메이가 얼음이라면 엘렌은 불이다. 엘렌의 돌출행동과 양식은 유럽에서는 자연스럽겠지만 뉴욕 시티에서는 지나치게 정열적이고 자유분방하다.

　　정서적으로 그녀는 메이 웰랜드 아처와 정반대다. 그녀는 사회적 검열의 동료 희생자인 레지나 보포트를 동정한다. 그녀는 왜 모든 사람이 똑같이 행동해야 하는가, 하는 의문을 뉴랜드에게 종종 일깨워준다. 사회의 외톨이들에 대한 너그러운 태도는 그녀의 자비로운 태도를 보여준다. 이런 특성은 뉴욕 사교계 사람들이 달가워하지 않는다. 이로 인해 메이가 엘렌의 약점을 이용하는 것이 가능해진다. 왜냐하면 자신의 임신 사실을 밝히면 엘렌이 뉴랜드와 함께 결코 도망치지 않으리란 것을 알기 때문이다. 엘렌은 사회규범과 예절에 대한 관심이 결여되어 있기 때문에 중상모략의 표적이 되고 추방된다. 아둔한 사교계의 아내들과 달리 독립정신을 가졌고, 다른 사람들을 배려하는 가운데 그것을 잘 발휘한다. 뉴욕 사교계가 남편과 별거하는 독신여성들을 이해하지 못하고 그녀의 생활 양식이 그들의 사회계급은 물론 자기 가족을 불안하게 만들기 때문에 그 독립정신이 불행히도 그녀의 운명을 결정짓는다.

　　엘렌은 뉴랜드를 사랑하지만 현실주의자다. 그녀는 뉴랜드가 속한 세계의 편협한 위선을 보았을 때 그에게 "이곳에서는 진실을 알고 싶어 하는 사람이 아무도 없나요?"라고 묻는다. 엘렌은 다른 사람들에게 상처를 주지 않고 인습에서 벗어난 생활을 할 수 없다는 것을 알고 있다. 그녀는 사회, 종교, 계급의 기준을 지켜야 한다고 뉴랜드를 일깨워준다. 그와의 은밀한 정사는 불명예, 무원칙, 불행을 의미한다. 그녀는 말한다. "나는 당신을 포기하지 않으면 당신을 사랑할 수 없어요." 이기심을 버리고 정확히 그렇게 행동한 그녀는 뉴욕 사람들이 자기네 '운명의 쇠사슬에 묶여 있다'는 것을 깨닫는다. 1870년대 뉴욕에서는 인습에 얽매이지 않은 삶이 존재할 수 없기 때문에 그녀는 떠난다.

뉴욕을 떠난 후 그녀의 인생 이야기는 간접적으로 밝혀진다. 재혼을 하지 않고 독신으로 지낸 파리 생활은 독자의 몫으로 남겨진다. 아마도 미술관, 밤늦도록 계속되는 파티, 연인들을 가졌을 가능성, 포도주, 진수성찬의 요리로 이루어진 인생을 맛보았을지도 모른다. 이처럼 보다 폭넓고 열정적인 생활은 뉴욕에서는 할 수 없었을 것이다. 그녀는 끝까지 뉴랜드에게 수수께끼로 남지만 그가 상상한 정신적 생활을 상징한다.

○ 맨슨 밍고트 부인

스태튼 섬의 캐서린 스파이서였고 맨슨 밍고트의 미망인이자 엘렌의 할머니다. 가장 기억할 만한 점은 거대한 체구다. 생기 넘치는 눈빛과 재미난 화술을 지녔다. 28세에 과부가 되었고, 사회적 지위를 얻고 유지하는 데 일편단심 의지와 야심을 불태웠다. 그녀는 사생활에서 품위 있는 가치관을 지킴으로써 사교계에 받아들여졌다. 유럽 사교계의 첨단을 걷는 인사들, 부패한 사람들과 모두 친하게 교류했고, 양쪽 대륙에 가까운 친구들과 그녀를 존경하는 사람들이 있다.

손녀 엘렌에 대한 사랑은 의문의 여지가 전혀 없다. 엘렌처럼 현실적인 그녀는 엘렌이 백작을 떠난 뒤 엘렌의 인생이 끝났다고 '냉혈한처럼 자신 있게' 선언한다. 밍고트 부인은 엘렌이 장차 뉴랜드와 불행한 혼외정사를 벌이거나 백작과 불행한 결혼생활을 계속하리란 것을 분명히 내다본다. 그녀는 이 두 가지 가능성 가운데에서 두 번째 선택이 사회적으로는 더 낫다고 본다. <u>항상 행복이 수반되지는 않지만 '사회적으로 용납되는 삶'은, 예의범절이 중시되는 사회의 언저리에서 사는 것보다 훨씬 충족감을 준다</u>는 사실을 폭넓은 경험을 통해 알고 있다.

그녀는 엘렌의 갖가지 결정과 명백한 사회적 예의범절의 결여로 초래된 떠들썩한 물의를 극복하고 가족과 함께 엘렌의 대의명분을 옹호한다. 재정문제와 이혼소송을 해결해야 할 때 뉴랜드에게 도움을 요청한다. 그러나 레지나 보포트가 줄리어스 보포트의 불미스러운 행동에 대해 가족의 어른으로서 도와줄 것을 요청했을 때 이 같은 도움은 노부인으로서는 감당하기 벅찬 일이었다. 항상 현실주의자인 그녀는 엘렌이 독신으로 자립생활을 하는 것을 재정적으로 가능케 해주지만 자신의 운명은 스스로 책임지도록 한다.

마무리
노트

〈순수의 시대〉의 주제

　　이디스 워튼이 〈순수의 시대〉를 쓸 무렵 그녀는 자신이 알고 있던 세계의 대부분이 제1차 세계대전으로 파괴되는 것을 보았다. 그녀는 뉴욕에서 보낸 어린 시절을 되돌아보면서 그때를 사회적 지속성이 유지된 시대로 생각했다. 또한 부모에게서 자녀로 이어지는 가치관 전승이 문명화에 영향을 미친다고 생각했다. 그러나 그녀는 존경받는 가면의 뒤에 자리한 개인들의 위선과 잔인성도 보았다. 이 작품 전반에서 볼 수 있는 이 두 가지 관념으로 인해 〈순수의 시대〉는 19세기 말 미국의 경제적 호황시대에 일어난 사회적 변혁을 그려낸 시간을 초월한 소설이 된다.

● 가치관

　　워튼은 사회규범의 경직성을 종종 비판하지만 가치관을 대물림하고 문화를 복제하는 사회적 규범의 목적을 이해하고 있었다. 질서, 충성, 전통, 의무는 모두 그녀의 소설 속에서 지지를 받는 한편, 비판도 받는 가치들이다. 질서는 특정한 의식(儀式)의 반복으로 요약된다. 뉴랜드 아처의 아내는 성적으로 순수해야 하며 혼외정사나 정열에 관해 모르는 것처럼 가장해야 한다. 우리가 메이 웰랜드를 처음 만날 때 그녀는 흰색 의상을 입고 흰색 은방울꽃을 들었으며 관람하고 있는 오페라의 성적인 풍자를 전혀 이해하지 못한다. 그녀가 엘렌을 향한 뉴랜드의 정열을 시종일관 알고 있으면서도 모르는 척함으로써 용인된 규범에 따랐다는 것을 독자는 나중에 알게 된다. 질서는 이처럼 양해된 관행에 의해 유지된다. 그레이스 교회의 결혼식은 인생만사를 위한 질서의 완벽한 복제다. 뉴랜드 역시 사회적으로 지켜야 할 의무의 목록을 가지고 있다. 이것이 문명이 지속되는 방법이다.

충성은 가족과의 결혼생활 속에서 뿐만 아니라 남자들이 지켜야 할 미덕이다. 평판이 나쁜 엘렌이 도착할 때 뉴랜드는 가족에 대한 자신의 충성을 보여주기 위해 밍고트 가의 특등 전용석으로 갔다. 메이와 가족들이 침입자 엘랜을 위한 '고별만찬'을 주최한다. 그 만찬에서 로렌스 리퍼츠는 뉴랜드에게 부탁을 한다. 즉 자기를 '감싸' 거짓말로 알리바이를 만들어 혼외정사를 계속할 수 있도록 해달라는 것이다. 뉴랜드는 거짓말을 할 것이며 다른 사람들에게 발설하지 않을 것이다. 의리는 지켜져야 한다.

전통은 또한 가치관을 전승하는 방법의 하나다. 신혼부부들의 인사방문 의식과 보포트의 연례무도회, 계절 행사, 사온 뒤 2년 동안 보관되는 가운들, 뉴랜드의 결혼식에 따른 세세한 사항은 모두 부모로부터 자식에게 대물림된 태도 혹은 행사의 사례다. 이것은 바람직한 질서를 유지한다.

의무는 병사들이 적의 얼굴을 보면서 미소를 짓도록 만

드는 개념이다. 메이가 임신중이라고 말한 뒤 뉴랜드가 메이에게 한 약속은 양해된 의무다. 뉴랜드가 좌절감을 느끼더라도 지루한 결혼생활을 받아들인 것은 결국 문명이 작동하도록 만드는 요소다. 그가 열정을 느끼는 고비마다 뉴랜드는 메이에 대한 의무에 의해 문이 닫히는 것을 본다.

● 사회규범의 실현

워튼이 속했던 뉴욕 사교계는 사회규범을 엄격하게 지킨다. 반 더 루이든 부부가 구원하러 올 때까지 사교계는 엘렌을 받아들이려 하지 않는다. 왜냐하면 엘렌은 남편을 떠난 여자이기 때문이다. 그러나 반 더 루이든 부부가 엘렌을 사교계에 받아들이기 위한 만찬에 초청하자 뉴욕 사람들은 어떻게 행동해야 하는지 알 수 있는 뚜렷한 신호를 받는다. "사내애들은 그렇게 크는 법이다"란 식으로 남자들의 혼외정사를 예상된 일로 치부하지만 여자들은 마지막까지 충실해야 하는 법이라고 말할 때, 아처 부인은 양해된 사회규범을 분명히 설명한다. 만약 어떤 사람이 이 규범을 파괴할 생각을 가질 경우 사회의 눈이 모든 곳에서 감시하게 된다. 뉴랜드는 자신과 엘렌이 만나는 장면을 우연히 보게 된 리퍼츠와 시버즈를 걱정한다. 뉴랜드는 남자 친구들이 시가를 피우는 자리에 여러 번 참석했기 때문에 자신이 엘렌과 만난 것에 대해 내려질 판정을 알고 있다. 그것을 알고 있으면서도 뉴랜드는 가족이 자기

몰래 음모를 꾸미고 있다는 사실을 깨닫지 못한다. 규범을 무시하면 성공하지 못한다. 그것은 분명한 사실이다. 훨씬 개방된 사회에서 생활한 엘렌이 규범을 무시함으로써 심지어 자기 가족 내부에서까지 대가를 치르는 것을 보면 그렇다.

● 개인적 자유

사회규범은 공익을 위해 그런 규칙을 시행하기 때문에 개인의 자유는 희생된다. 뉴랜드는 자신의 정열을 따를 수 없다. 그는 의무를 다해야 한다. 엘렌은 두 사람이 아무리 상대방을 사랑할지라도 혼외정사를 벌일 수 없으며 사회적 성실성을 유지해야 한다는 것을 깨닫는다. 수없이 혼외정사를 벌이고 아내를 부당하게 대우하는 비열한 남편에게 시집을 가는 것은 사회규범이 암암리에 용납하지만 그런 남편과 이혼하는 것은 용납하지 않는다.

● 위선

이 규범에서는 몇 가지 허점을 발견할 수 있다. 그런 허점을 발견하는 사람들은 종종 경멸당할 가능성이 있다. 그러나 그들은 여전히 이 사회에서 용납된다. 여러 차례 혼외정사를 벌이고 기독교의 덕목을 찬양하지만 남편을 떠났다고 해서 엘렌을 냉대하는 로렌스 리퍼츠가 위선의 대표적 사례다. 뉴랜드는 엘렌을 위해 메이를 떠날 경우, 조용히 혼외정사를 벌여 비난을 피한다 할지라도 사회가 메이를 동정하리란 것을 알고 있다. 메이는 뉴랜드가 자기 사촌을 사랑한다는 사실을 모르는 척해야 한다. 그러나 독자들은 그녀가 평생의 대부분 동안 이 사실을 알고 살았다는 것을 임종고백에서 알게 된다. 순수를 자부하는 시대에 위선이 난무한다.

● 체면과 현실

19세기 후반 미국의 호황시대에 충실했던 워튼의 사회는 체면이 가장 중요하다는 것을 안다. 엘렌은 뉴욕 사람들의 위선을 첫눈에 알아본다. 그녀는 뉴욕 사람들이 진실을 듣고 싶어 하지 않는다는 점을 여러 차례 뉴랜드에게 말한다. 그들은 오히려 가장하는 편을 택한다. 메이는 엘렌을 위해 화려한 고별만찬을 베푼다. 만찬은 커다란 성공을 거두지만 표면을 한 꺼풀 벗기면 메이의 '아내'로서의 지위 때문에 얻게 되는 '문명화된' 승리의 자리다. 마찬가지로 뉴욕 사교계의 모든 사람들이 보포트의 연례무도회에 참석하지만 그들은 표면 아래서 보포트가 불미스러운 인물이며 자기네와 부류가 다르다는 사실을 생각하면서 마음이 불편하다. 보포트와 리퍼츠의 간통은 두 사람이 분별 있게 처신하는 한 용납된다.

● 남자와 여자

워튼의 세계에서 여자들은 성적으로 무지하고 혼외정

사를 벌여서는 안 되는 것으로 간주되고, 남편의 혼외정사를 인정해서도 안 되며, 이혼은 더더구나 안 된다. 그들이 가진 유일한 힘은 메이가 사용한 것이다. 즉 의무, 충성, (가장 중요한) 임신이 그것이다. 빅토리아 시대의 여자들은 아름다운 전리품이지만 무지한 신부들이다. 여자들은 처녀 때, 보는 사람의 가슴을 뛰게 하고 매력을 발산하는 메이처럼 장신구와 비슷하고, 결혼한 후에는 가정을 지키고 지속성을 제공하는 어머니가 된다. 엘렌의 죄는 이러한 제약들을 거부하고 뉴랜드를 향한 사랑에 대해 거짓말을 하지 않으려는 태도다. 남자들 역시 여러 제약을 받는다. 그 가운데 하나가 직업이다. 뉴랜드에게 용납되는 유일한 직업은 법조계 일이지만 업무는 지루하다. 그는 사업이나 혹은 '무역'으로 손을 더럽혀서는 안 된다.

Review

이 부분은 원작에 대한 이해력을 테스트하는 난입니다. 다음의 세 가지 코너를 차례로 끝내면 〈순수의 시대〉에 대한 포괄적이고 의미 있는 파악이 가능해질 것입니다.

A 다음 질문에 알맞은 답을 고르시오.

1. 무대(오페라 및 극장 양쪽)는 소설의 줄거리를 반영하고 있다. 워튼이 이용한 무대작품의 사례는?

   a. 템페스트와 아이다
   b. 파우스트와 샤우그라운
   c. 오셀로와 피가로의 결혼
   d. 마법 피리와 깨어나 노래하다

2. 뉴랜드가 엘렌에 대한 감정의 유혹을 받을 때 그가 메이를 찾아간 곳은?

   a. 런던
   b. 샌프란시스코
   c. 보스턴
   d. 플로리다

3. 뉴랜드와 엘렌이 미래를 의논하기 위해 밀회한 장소는?

   a. 아카데미 오브 뮤직
   b. 메트로폴리탄 박물관
   c. 워싱턴 광장
   d. 월럭스 극장

4. 네드 윈세트는 조연급 등장인물이지만 어떤 용도로 이용되는가?

   a. 예술가 생활의 결점을 보여주기 위해
   b. 유한계급 생활의 장점을 보여주기 위해
   c. 벼락부자의 상징으로
   d. 메이의 친구들의 사례로서

5. 메이는 왜 세상을 떠나는가?

   a. 마차사고
   b. 출산
   c. 폐렴
   d. 수면중 뇌졸중

B 〈순수의 시대〉에서 인용한 다음 문장에서 말하는 사람과 듣는 사람의 이름을 밝히시오.

1. 나는 그런 단어들과 그런 부류들이 존재하지 않는 세계로 당신과 함께 도피하고 싶습니다. 그곳에서 우리는 단지 서로 사랑하는 두 명의 인간이 될 것입니다. 우리는 상대방이 자기 인생의 전부이며 세상에서 다른 것은 문제가 되지 않을 것입니다.

2. 그러나 여보, 당신이 그렇게 할 수 없을까 걱정돼요… 당신이 나를 데리고 갈 경우… 저, 의사들이 나의 동행을 허락할… 나는 의사들이 허락하지 않을 것이라고 생각해요. 당신도 알다시피… 오늘 아침 이후 나는 그토록 바라고 소망했던 것을 확신하고 있어요.

3. 그녀는 과거에 아버지의 패니가 아니었나요?

4. 진부한 표면 아래 그토록 섬세하고 민감하며 미묘한 것이 존재한다는 것을 내게 이해시켜 과거생활에서 가장 소중했던 것들조차 값싸 보이도록 만든 사람은 적어도 당신이에요."

5. 반 더 루이든 부부는 그 저택을 극소수의 사람들에게만 보여줘요. 그런데 그분들이 엘렌에게 그 저택을 개방한 것 같아요. 엘렌은 그 저택이 참으로 정이 가는 장소라고 내게 말했어요. 그 저택이 미국에서 완벽하게 행복한 생활을 할 수 있다는 생각이 들게 하는 유일한 저택이라고요."

모범답안: 1. 뉴랜드, 펜 정거장에서 마차를 타고 오는 동안 엘렌에게 2. 메이, 뉴랜드에게 임신 사실을 밝히면서 3. 댈러스, 파리에서 자기 아버지에게 4. 엘렌, 포인트 알리에서 비밀리에 점심식사를 할 때 뉴랜드에게 5. 메이, 파트룬 저택에 관해 뉴랜드에게

C 다음 주제에 대해 논술하시오.

1. 뉴랜드, 엘렌, 메이의 성격을 당신의 판단에 입각하여 논하라. 당신은 그들의 행동, 발언, 동기를 어떻게 평가하는가?

2. 워튼은 집주인의 성향을 묘사하기 위해 건축, 미술품, 실내장식 설계, 환경을 자주 이용한다. 소설 속에서 인물 한 사람을 선정, 그 인물의 소유물을 이용하여 성격을 설명하라.

3. 이 소설의 주요 쟁점 가운데 하나는 안정 대 변화이다. 워튼은 어느 대목에서 그 쟁점을 이용하고 있는가?

4. 워튼은 1870년대 미국을 비판하는가, 존경하는가? 당신의 견해를 뒷받침하는 증거를 제시하라.

5. 워튼의 여러 가지 목적과 주제 및 등장인물들과의 일관성을 유지하면서 소설의 결말을 정당화하라.

一以貫之
논술노트

'사랑'의 두 얼굴을 깨우치는 여정 ○

실전 연습문제 ○

一以貫之는 '논어'에 나오는 말로 '모든 것을 하나의 이치로 꿴다'는 뜻입니다.

논술의 주제와 문제 유형, 제시문들은 참으로 다양하고 가지각색입니다. 그러나 그 모든 것을 하나로 꿸 수 있습니다. '인간사회의 보편적 문제들에 대한 근원적인 물음에 답하는 자기 나름의 견해'라는 것이지요. 논술은 인간이면 누구나 부닥치는 개인적 또는 사회적 문제들에 대한 자기 나름의 고민이자 성찰입니다. 논술은 자기견해, 자기 가치관, 자기 삶에 대한 솔직한 고백입니다.

一以貫之 논술연구모임은 '자신의 물음'과 '자신의 생각'을 갖고 '자신의 글'을 쓸 수 있도록 도와줍니다.

'사랑'의 두 얼굴을 깨우치는 여정

1. 사랑. 축복이자 비극

신이 인간에게 내린 가장 큰 축복이자 비극 중에 하나는 '나'아닌 '타인'을 향해 애틋한 감정을 품는 '사랑'이라는, 달리 설명할 길이 난감한 이상야릇함일 것이다. 그것은 때로는 뭉클한 설렘으로, 때로는 묘한 격정과 흥분으로, 때로는 은근하게 살포시, 때로는 부지불식간에 폭풍처럼 다가선다.

"방과후에는 테니스 코트에서 살았다. 사월 줄 모르는 정열은 달빛을 받아가면서도 공을 쳤다. 별빛이 내리는 코트에서 네트를 걷으면 모롱이를 돌아가던 기적. 품에는 연문(戀文)이 들어 있었다. 경성에서 보내오는 보랏빛 편전지(便箋紙). 다께히사 유메지의 그림을 닮은 젖은 속눈썹의 소녀. 회중전등을 감추고 밤마다 찾아오는 소녀도 있었다. 저만치 강바람에 타원형을 그리던 주름치마 자락. 나는 마치 목석이었다. 끝내 사랑일 수도 없었던 첫사랑의 추억."

— 박용래 산문집 〈우리 물빛 사랑이 풀꽃으로 피어나면〉

그 누군가를 가슴에 품는다는 것은 인간이 진정 인간다워질 수 있는 분명 축복임에는 틀림없다. 결코 계산되어지지 않는, 그래서 이른바 '합리적 사고'로는 도저히 파악되지 않는,

이 감정의 파노라마는 '나'와 '타인'과의 가슴팍이 실하게 아려오는 이해의 가교를 활짝 열어놓는다.

"당신은 왜 나를 사랑하나요?"

그녀는 결정적인 순간을 좀더 미루려는 듯, 낮은 목소리로 물었다.

"왜냐고요? 마리아! 어린아이에게 왜 태어났느냐고 물어보십시오. 꽃한테 왜 피어 있는지를 물어보십시오. 태양에게 왜 빛나고 있냐고 물어보십시오. 나는 당신을 사랑하지 않을 수 없기 때문에 사랑하는 겁니다."

— 막스 뮐러의 〈독일인의 사랑〉

'사랑'하기 때문에 이유와 조건이 존재하지 않는 '사랑'. 어쩌면 오히려 그처럼 막무가내이기 때문에 사랑에 대해 더욱 아련하고 애끓는 시선을 보낼 수 있는 것이 아닐까. 삭막한 이해타산만이 존재하는 각박하고 모진 세상사에서 그 이유 없음과 조건 없음에 삶의 고달픔을 달래주는 무한한 청량감을 느낄 수 있는 것이 아닐까.

그러나 그 막무가내 같음이, 그 이유 없음에, 그 조건 없음은 사랑으로 인한 숱한 파란과 굴곡을 잉태한다. 인간의 삶을 규정하는 중요한 요소 중의 하나인 '제도'나 '관습'이라는 사회적 관계망은 사회적 잣대라는 이름으로 어디로 튈지 모르는 감정의 너울거림을 끊임없이 제어하고 통제한다. 다시 말해 '금지된 사랑'이란 것이 존재할 수 있다는 것이다. 이유가 없고 조건이 없는 원초적 순수에 대한 열망, 그리고 사회적 통제와 제약은 사랑을 내적·외적으로 구성하는 양면의 모습이며, 이 양면의 칼날은 끊임없이 갈등하고 충돌하고 긴장감을 조성하면서 때로는 사랑한 자들을 파국으로 인도한다. 그래서 라틴아메리카의 위대한 시인 파블로 네루다(1904-73)는 다음과 같이 노래했는지 모르겠다.

> "당신을 사랑하고, 당신을 사랑하지 않는다, 마치 내가
> 손에 열쇠 두 개를 쥐고 있는 듯이: 기쁨의 미래-
> 불쌍하고 엉망진창인 운명-
> 내 사랑은 당신을 사랑하기 위해 두 삶을 갖고 있다:
> 그게 내가 당신을 사랑하지 않을 때 당신을 사랑하고,
> 또 내가 당신을 사랑할 때 사랑하는 이유이다."
>
> － 파블로 네루다의 〈100편의 사랑 소네트〉 중에서

열쇠를 두 개 쥐고 있는 듯이 '기쁨의 미래'임과 동시에 '불쌍하고 엉망진창인 운명'이라는 사랑의 두 얼굴은 축복과 비극의 쌍곡선을 교차시킨다. 여타 삶의 모습들도 마찬가지겠지만 어느 하나의 얼굴로 단정하는 것은 스스로의 무한한 가능성을 한계 짓는 것과 다를 바 없다. 해 그림자가 드리운 그늘처럼 다가온 사랑에 젖어본 적이 있는 사람들은 안다. 햇살

은 영롱하지만 따갑게 내리쬐고, 그늘은 침침하지만 부드럽게 어루만져준다는 것을. 사랑의 진정한 의미는 빛과 어둠, 희망과 절망, 기쁨과 고통, 울창한 숲 속에서의 향긋한 산책과 늪을 헤매는 질퍽함 두 얼굴 모두를 사랑하는 것이 아닐까.

2. 순수의 시대

미국의 여류작가 이디스 워튼에게 퓰리처상을 안겨준 〈순수의 시대〉 또한 '기쁨의 미래'임과 동시에 '불쌍하고 엉망진창인 운명'이라는 사랑의 전통적인 테마가 어우러져 애틋하고 은밀한 내음이 흠씬 풍겨나는 연애이야기다. 이 소설은 연애이야기의 고전적이자 또한 통속적이기까지 한 삼각관계를 이야기를 풀어가는 주요한 극적 틀로 삼고 있다.

1870년대, 젊고 잘 생겼으며 유능하고 지적인 청년 '뉴랜드 아처'와 역시 명문집안 출신의 새벽녘 고이고이 내린 이슬처럼 단아하고 청순한 '메이 웰랜드'는 약혼한 사이로 뉴욕 상류사회의 사교계에서 촉망받는 커플이다. 그런데 뉴랜드는 메이와 사촌지간이자 이미 유럽 귀족과 결혼한 불같은 열정의 소유자로서 자유분방한 백작부인 '엘렌 올렌스카'와 운명적인 사랑에 빠져버린다. 그러나 상류사회의 보수적 규범에 잘 맞는 옷처럼 너무 철저히 적응하고 익숙해 있던 아처는 결혼생활이 파경에 이른 엘렌을 사랑하면서도 결국 메이와 결혼한다.

그러나 서로를 연모하는 마음을 잊을 수 없었던 두 사람은 때로는 은근히 때로는 불꽃같이 연정을 불태운다. 두 사람의 관계가 심상치 않음을 감지한 아내 메이를 비롯한 주변의 가족들은 이혼문제로 시끄러운 엘렌의 문제를 다루면서 그를 소외시킨다. 또한 메이는 거짓말로 임신사실을 밝힘으로써 뉴랜드에게 엘렌을 단념시키고 엘렌은 유럽으로 다시 떠난다.

'삼각관계'와 '불륜'의 사랑이야기는 '욕망'과 '배신'이 어우러지며 드라마나 통속소설에서 흔히 대할 수 있는 신물 날 정도의 단골메뉴다. 이런 통속성에 덧칠했음에도 〈순수의 시대〉가 호소력을 발휘할 수 있는 것은 적나라하게 펼쳐지는 19세기 후반 뉴욕 상류사회의 휘황찬란하기 그지없지만 위선과 허영에 가득 찬 삶의 모습들 때문일 것이다. 도저히 정상적인 생활을 영위할 수 없는 바람기 많은 남편을 떠나 뉴욕으로 돌아온 엘렌에게 가해지는 무언의 폭력들은 한 인간의 성스러운 존재적 가치들을 억압하고 왜곡시킨다. 타자를 무차별적으로 규정해 버리고 인간의 순수한 본성을 호도하는 '인습'이라는 기만에 찬 굴레들에 저항하는 방식으로써 작가는 바로 '사랑'을 차용한다. 인간의 내면에서 불현듯이 솟구쳐 끓어오르는 자연적인 감성의 항변과 사랑이란 물음에 대해 인간을 속박하는 사회적 제도와 관습을 대비시켜 진지하게 접근하는 것이다. 그것은 내밀하게 숨겨진 그 무엇을 한껏 자극하고 지극히 감동적으로 그려지며 읽는 이들에게 적극적인 지지를 획득

하는 지점으로 작용한다. 왜냐하면 이 소설을 읽고 있는 우리네 앞에 놓여진 일상과 현실 역시 바로 사회적 제도와 관습에 시종 짓눌리고 있기 때문일 것이다.

특별히 맨 아래층부터 천정 꼭대기까지 모두가 감동하는 장면이 하나 있었다. 그것은 해리 몬테규가 미스 다이아스에게 이별을 고하고 갈 길로 돌아서는 슬프고도 여운이 남는 장면이었다. 벽난로가에 서서 불꽃을 내려다보고 있는 여주인공은 장식이나 레이스가 전혀 없는 회색 캐시미어 드레스를 입고 있었는데, 그것은 긴 몸매를 그대로 드러내며 발끝에서 찰랑거렸고, 목에 맨 가늘고 검은 벨벳 리본의 끝은 등으로 흘러내리고 있었다.

애인이 그녀로부터 돌아서자, 그녀는 벽난로 선반에 두 팔을 걸치고 손으로 얼굴을 감쌌다. 문지방에서 잠시 다시 바라볼까를 망설이며 서 있던 남자 주인공은, 단숨에 달려가 벨벳 리본의 한 쪽 끝자락을 들어올려 입을 맞췄다. 이내 그는 말없이 그 방을 떠났고, 방안에는 굳어진 자태의 그녀만이 남겨졌다. 이 침묵의 이별위로 막이 내려온다.

뉴랜드 아처는 바로 이 장면 때문에 〈샤론〉을 보러 오곤 했다. 그는 몬테규와 다이아스의 작별이, 파리에서 본 크로와세와 브레상의 작별이나 런던에서 본 매쥐 로버트슨과 캔들의 작별보다 더 감동적이라고 생각했다. 침묵 속에서 가슴 저리도록 슬퍼하는 이 장면은 역사적으로 떠들썩한 작별 장면들보다 훨씬 진한 감동을 그에게 던지곤 했다.

패들 바퀴가 돌기 시작하자 보트는 칙칙한 장막 같은 더위를 헤치고 앞으로 치달았고, 아처는 뱃전에서 부서지는 하얀 파도를 보면서 오랫동안 익숙해져 있던 관습들도 송두리째 함께 부서지고 있는 기분을 느꼈다. 그는 올렌스카에게도 같은 느낌인지 묻고 싶었다. 다시는 돌아오지 않을 긴 여행의 첫 발을 내딛는 기분을.

왜 굳이 흔하디흔한 삼각관계를 그린 소설의 제목을 〈순수의 시대〉라고 이름 지었는지 조금은 알 수 있을 것 같다. 그러나 위선과 허영에 가득 찬 뉴욕 상류사회를 가로질러 사랑이라는 인간의 원초적 본성을 향한 젊은 시절의 열정과 고뇌, 갈등이 수채화처럼 펼쳐지기 때문은 아닐 것이다. 뉴랜드와 엘렌의 사랑은 그들 자신이 제도와 인습에 규정받는 어쩔 수 없는 포로에 불과했으며 사랑을 통한 '자유'는 결국 좌초될 수밖에 없지 않았던가. 오히려 인간의 본원적 순수성이 제대로 발휘되지 못한 따분한 현실에 대한 역설을 담아낸 것이 아닐까. 그렇다면 진정한 순수의 의미를 어디에서 찾아야 하는 것일까.

3. 1870년대 뉴욕, 그리고 상류사회의 풍경

19세기 후반 뉴욕 사교계의 화려한 생활과 그들의 도덕적인 규범과 가치관을 보는 것은 〈순수의 시대〉를 읽는, 낯설지만 동경의 눈길을 보낼 수 있는 색다른 체험이다. 이 소설의 초반부를 뉴욕 상류사회의 사람들과 그 생활 모습으로 할애했다는 것은 앞으로 펼쳐질 이루어지지 못할 아처와 엘렌의 사랑과 충돌을 예비하고 있다. 남북전쟁 이후 뉴욕은 미국의 경제와 사회, 문화의 중심지로서 자본주의적 번영을 누리고 있었으며 그 상층에는 든든한 부로써 뒷받침되는 몇몇 가문이 다른 계층과는 배타적인 그들 나름의 문화와 규범을 전통으로 여기며 존재했다.

1870년대 초반 1월의 어느 저녁, 크리스틴 닐슨이 뉴욕의 아카데미 오브 뮤직에서 〈파우스트〉의 한 소절을 열창하고 있었다. 멀리 40번가 위쪽의 번화가에서 막대한 건축비로나 웅장함으로나 유럽의 대성곽에 뒤지지 않을 새 오페라하우스가 완공되었다는 발표는 이미 있었지만, 아직도 겨울이면 낡은 아카데미의 붉고 금빛 나는 박스좌석으로, 사교를 즐기는 무리들이 무슨 유행처럼 모여들곤 했다. 전통고수주의자들이 비좁고 불편한 박스좌석을 애지중지하며 독차지하는 바람에 신출내기 — 뉴욕이 슬슬 무서워지기 시작했거나 아직은 뉴욕에 흠뻑 빠져 있지 않은 — 에게는 차례가 돌아가지 않았다. 감상적인 사람들은 이 홀을 손때 묻은 연륜 때문에 사랑했고 음악애호가들은 음향이 탁월하다고 좋아했지만, 음악감상을 위해 세워진 홀로서의 기능 면에서는 늘 문제가 있었다.

매년 개최되는 오페라는 뉴욕 상류사회가 그들의 내적 관계를 더욱 공고히 다지며 그 사회의 일원으로서 소속과 위상을 과시하는 의례와 같은 공간이었다. 엘렌 올렌스카 백작부인이 뉴욕으로 돌아와 세인의 입방아에 오르기 시작한 것도 바로 이 오페라였다. 신사들은 말쑥한 정장차림으로 그들 사교계의 관심사와 각종 소문에 대한 이야기를 나누고, 숙녀들은 한껏 치장하여 가문의 위세를 과시한다. 당시 뉴욕 상류사회의 가문들은 혼인관계를 통해 밀접히 연관되어 있었다. 동서고금을 막론하고 귀족사회, 상류사회의 특징은 기득권과 질서의 유지라는 입장에서 철저히 배타적인 형태로 나타날 수밖에 없으며 당시 뉴욕 상류사회의 가문들 또한 서로간의 혼인관계를 통해 밀접하게 연결되어 있었다.

클럽 전체가 숨죽이며 노인의 입에서 흘러나올 말에 귀를 기울였다. 로렌스 리퍼츠가 '스타일'에 일가견이 있는 것처럼 잭슨 영감은 가계(家系)에 그랬다. 밍코트 가(토레이 가를 거슬러 올라가)와 사우스캐롤라이나의 댈러스 가의 연결관계, 필라델피아 토레이 가의 선조와 앨버니 시버스 가와의 관계 같은 복잡한 문제에 대한 명쾌한 해설뿐 아니라 각 가문의 특징에 대해서도 훤했다. 예를 들자면 리퍼츠 가(롱아일랜드출신) 젊은 세대들의 지독한 깍쟁이 기질이라든지, 어리석은 혼인으로 인한 루시워드 가의 운명적인 몰락, 앨버니 시버스 가 2세들의 한결같은 정신질환 재발 때문에 그들의 사촌형제들은 혼사에서 번번이 거절당했지만, 가엾은 메도라 맨슨만 그리 시집을 갖고, 참 이상하게도 그녀의 어머니가 루시워드 가 사람이든지 뭐 그런 종류였다.

그러나 뉴욕 사회의 상류계층임을 판별하는 기준은 경제적인 부에 기초한 것이었다. 식민지 이래 미국 자본주의가 뿌리를 내림과 동시에 부를 축적한 일단의 사람들은 신흥 귀족 가문으로 사회적 위치를 차지하였고 이식된 유럽의 귀족문화와 결합되면서 독특한 그들만의 특권적 세계를 만들었다.

"신문이 뉴욕 귀족들 씨를 말리겠다는 심산인지. 그네들 식으로 한다면 밍코트 가, 맨슨 가, 뉴랜드 가, 시버스 가는 아예 명단에도 끼지 못할 거야. 우리 할아버지나 그 할아버지 들은 모두 영국이나 네덜란드의 거상들이셨어. 식민지로 돈을 벌러 오신 셈이지. 그러다가 일이 잘 풀리니까 그냥 눌러 앉은 거야. 네 선조 할아버지 중에 한 분은 권리장전에 서명도 하셨어. 또 워싱턴 군대의 장군도 하셨구. 사라토가 전투에서 승리해서 버거인 장군의 검도 받으셨는걸. 그렇지만 그건 자랑스런 일들일 뿐이지 신분에는 아무 영향도 못 미쳐. 뉴욕은 옛날부터 상업이 활발한 곳이라 진짜 귀족은 세 가문 정도밖에 없었어."

뉴욕의 상류사회 사람들이 전통으로 여기던 명예와 규범의 본질에는 철저한 자본의 논리가 자리 잡고 있었다. 그들이 그토록 소중하게 생각하는 명예와 규범은 그것을 치장하는 형식적 수단에 불과한 것이었지만 오히려 형식적 수단이 상류사회의 정체성을 유지하고 재생산하는 이상한 아이러니가 발생한다.

아처가 사는 뉴욕은 개인적 친분이 있는 사람의 위선에는 관대했지만, 사업적인 문제에서는 맑고 투명할 정도로 정직한 것을 요구했다. 오래된 일이지만 잘 알려진 은행가가 망해서 신용을 잃게 되었을 때 그 회사의 간부들 모두가 사회에서 외면당한 사실은 아직도 생생하게 기억되고 있었다.

그들은 그들이 소속된 진정한 사회, 즉 다른 계층과 집단이 망라된 지역 전체사회에 대해서는 외면한다. 개방적이고 자유분방한 엘렌이 새로 살림집으로 구입한 일반 보통사람들이 사는 동네를 방문했을 때 주인공 아처는 "골목 하나를 사이로 이렇게 초라하게 사는 사람들도 있었느냐?"고 스스로에게 반문하는 장면이나 정치활동은 이민자나 주먹패들이 하는 짓거리라고 치부해 버리는 모습에서 작가는 뉴욕 상류계층이 철저히 타집단을 배제하는 자기본위적 삶의 허구성을 무덤덤하게 드러내고 있다.

그러나 문제는 왜곡되고 허구적인 규범이 지배하는 환경과 사회구조라고 하더라도 결국 그것을 받아들이는 '나'의 문제로 귀결되는 것이 아닐까.

그의 친구들이 아내를 다루듯 전통을 적절히 가미시켜가면서 메이를 다루는 일이 훨씬 수월했다. 자신이 자유롭지 않다고 꿈에도 느끼지 못하는 아내에게 애써 해방을 들먹일 필요는 없었다. 또 설사 그녀가 자기에게 자유가 있다고 믿는다 하더라도 쓸 곳이라곤 오로지 부인으로서 존경받기 위한 일밖에 없다는 것을 아처는 일찌감치 느끼고 있었다.

메이의 경우처럼 일상적 삶의 안정성이 보장만 된다면 성실과 복종 의무만 존재하는 아내의 역할이라도 만족하고 그 속에서 자유롭다고 생각할 수 있음은 충분히 이해할 만하다. 그러나 삶의 안정성이라는 게 한 개인의 세계 속에서 홀로 구현되는 것은 결코 아니다. 오히려 그것은 가족이나 친구 같은 사회적 관계망 속에서 창출되는 것이며, 더 나아가서 그 안정성을 질서라는 이름 하에 제도화하여 전체를 다시 규정한다. 그렇지만 삶의 안정성에 순응하는 대다수 '나' 이외에도 제도화된 틀에 불만을 품고 모반하는 또 다른 자유를 꿈꾸는 '나'들은 어느 시대를 막론하고 언제나 출현했고 변화를 이끌어왔다. 아처와 엘렌은 그 경계선상에서 아슬아슬한 곡예를 하고 있었다.

4. 아처와 엘렌, 그리고 진정한 자유를 향한 발걸음

〈순수의 시대〉가 흔한 통속적인 연애놀이의 구조를 가지고 있음에도 단순한 유희의 차원에 머물지 않게 하는 중요한 극적 동기는 사회를 규정하는 제도·관습과 결코 화해 할 수 없는 사랑과의 갈등·충돌을 파헤치는 섬세하고 치밀한 구성 때문이라고 할 수 있다.

누구나 한 번쯤은 질서라는 이름의 제도와 관습의 굴레에서 해방되는 자유를 꿈꾼다. 자유를 꿈꾸는 사람들은 자신의 내부에서 속삭이듯 들려오는 내면의 목소리에 일단 충실한 것으로 생각할 수 있다. 그러나 그런 자유에 대한 실천은 차치하더라도 과연 그것이 현실적으로 가능한 것일까? 서로 어울려 살 수밖에 없는 인간의 태생적 이유로 필연적으로 발생하게 되는, 엄연한 정당성을 지닌 제도와 관습을 부정할 수 있을까? 그 자유가 표피적인 관념 속에서만 존재하는 것이라면 그것은 바람둥이 남편의 한순간의 일탈에 불과할 뿐이다. 필경 뉴욕의 상류사회가 아닐지라도 자신의 존재기반을 뛰어넘어 기존 질서에 항거하는 모습은 아름답게 표현될 수 있겠지만 그 항거가 회피 내지 도피로 나타날 때는 감히 자유롭다고 말할 수는 없다.

"난, 나는 당신하고 도망치고 싶어. 그러니까, 그러니까 그런 단어가 필요 없는 세상으로. 우린 그냥 서로를 사랑하는 두 인간들이고, 한 쪽은 다른 한 쪽에게 온 세상 같은 존재이고 아무것도 우리의 사랑을 방해할 수 없는 그런 곳으로 말이야."

그녀는 깊은 한숨을 들이쉬었지만 내쉴 때는 웃음이었다.

"이런 신사 분을 봤나! 그런 곳이 어디 있어요? 그런 곳에 가봤어요?"

아처는 사회적 제도와 규범으로 인한 갈등을 깨닫고 있으면서도 그것을 존중하는 사람이다. 그가 제도적 틀에 순응하는 것은 그 자체가 너무나 익숙하고 편하기 때문이다. 반면, 엘렌은 주위의 시선을 의식하지 않고 자신을 마음껏 드러내는 자유로운 사고를 지닌 열정적인 기질의 여자다. 그러나 사랑을 대하는 방식은 전혀 다른 양상으로 나타난다. 아처는 평소의 마치 모범생 같은 진중한 태도와는 상반되게 모험적이라고 할 만큼 격정적인 태도로 일관한다. 하지만 결국은 메이의 거짓 임신소식에 그는 결혼생활의 의무를 지켜나가기로 한다. 아처의 양극으로 치닫는 이런 이중적인 모습은 이들 사랑의 위태로움을 더욱더 증폭시킨다. 그렇지만 엘렌은 사뭇 다르게 반응한다. 시대와 제도와 인습의 모순에 희생양인 그녀는 현실을 직시하며 객관적인 균형감각을 끝까지 유지한다. 남성위주의 편협한 사회현실 속에서 여류작가는 엘렌으로부터 진정한 자유의 모습을 발견하고자 했던 것이 아니었을까.

아처와 엘렌의 이러한 상반된 대응양식은 그들이 처한 각각의 상황과 조건에 기인한다. 아처는 사회적 지위가 탄탄한 남성이자 모든 것을 소유하고 있는 사람이다. 심지어 그는 아내 메이와 정부로서 엘렌을 동시에 취할 것을 잠시나마 심각하게 고려할 정도로 자기중심적이다. 엘렌과의 연정이 싹트면서 그의 내면에 자리하는 끊임없는 갈등은 그가 기존의 사회질서 속에서 이미 많은 것을 향유하고 있는 사람이기 때문이다. 겉으로 드러나는 사회적 명예나 부, 지위 같은 것은 이혼녀와의 사랑 때문에 왕관까지 포기한 영국의 에드워드 8세처럼 내던지기가 쉬울 수 있다. 오히려 안으로 스스로의 정체성을 규정짓는 자신의 가치관과 생활양식과의 충돌에서 자유로워지는 것이야말로 하루아침에 세상이 경천동지하는 사태가 벌어지지 않는 한 극히 어려운 일이다. 그런 아처에 비해 엘렌은 모든 것을 잃어버린 여자다. 그 시대에 여성으로서 유일한 덕목이라고 할 수 있는 결혼생활은 파경에 이르렀지만 이혼조차 자유롭게 선택할 수 없으며 어떤 경제적 도움도 받을 수 없는 딱한 신세에 놓여 있다. 결국 고향인 뉴욕으로 돌아왔지만 그녀를 바라보는 상류사회의 사람들은 차갑고 따가운 냉소의 시선으로 대할 뿐이며 가족들조차 그녀의 입장보다는 가문의 체면을 더욱 우선한다. 그럼에도 그녀는 아처의 치기와 같은 분별없는 이상주의적 접근에도 흔들림 없이 현실을 냉정한 시선으로 통찰한다. 타자를 배제하는 제도와 인습으로 인해 그녀의 자유로움은 늘 한계에 부딪치고 모진 시련을 겪지만 결코 그것을 좌절과 굴종이라고 말할 수는 없다. 오히려 불합리한 현실적 상황에 대해 외롭지만 의연함으로 대처한다.

아마도 올렌스카의 비극을 연상시키는 묘한 분위기와 평범한 일상에서 벗어날 수 있는 가능성 때문인 듯 싶었다. 그녀는 그런 상상의 실마리가 될 말을 그에게 한 마디도 한 적이 없었지만, 그것은 그녀를 구성하고 있는 미묘하고 이국적인 배경이 풍기는 분위기이기도 했고, 또 선천적으로 물려받은 극적이고 열정적이며, 독특한 성격이기도 했다. 아처는 늘 사람의 운명을 결정하는 데 기회나 환경은 개인의 타고난 기질에 비해 아주 작은 인자일 뿐이라고 생각하는 편이었다. 그는 이런 기질을 올렌스카에게서 처음 느꼈었다. 조용하고 늘 소극적인 젊은 여자를 보고 아처는 이런 사람에게는 사건이 끊임없이 일어날 것이라고 느꼈었다. 부딪치지 않으려고 수없이 뒷걸음치고 피하기 위해 달아나도 사건은 그칠 것 같지 않았다. 흥미로운 사실은, 그녀가 이제까지 너무 드라마틱한 인생을 살았기 때문에 그런 것을 유발하는 그녀의 기질이 겉으로는 미처 드러날 새가 없었다는 것이었다. 그것은 정확히 말하자면, 웬만한 일에는 눈 하나 까딱하지 않는 성격이었는데, 대혼란을 겪는 동안에 놀라는 감각이 몽땅 뽑혀 나간 것 같았다. 그녀가 뭐든지 당연하게 여기는 것을 보고 있자면 그동안 얼마나 몸서리치는 사건을 많이 겪었는지 짐작이 갔다.

그녀가 왜곡으로 가득 찬 기존질서의 불합리함과 경계를 명확히 지으면서 당당함을 유지할 수 있는 원동력은 무엇일까? 소설에서는 그 이유를 명쾌히 설명해 주지는 않는다. 아니 소설 전반에 걸쳐 은근하게 묻어 있다고 할까. 그것은 아무리 제도와 관습이 자신의 삶을 훼방 놓는다고 할지라도 엄정한 현실로 받아들이고 그 속에서 위치하고 있는 나의 모습을 확인할 때, 비로소 '나'에 대한 확신이 가능한 것이 아닐까. 그 확신의 과정은 자신과 자신이 놓여 있는 현실적 존재기반에 대해 끊임없는 의문을 품으며 안정이라는 달콤한 유혹에 흔들리지 않고 나를 발견하려는 자연스런 몸짓의 소산이라고 하겠다.

5. 다시 사랑. 그 순수함에 대하여

'사랑'이라는 말에 흔히 연상되는 것은 인간의 고유한 원초적 순수성 내지 순결성이다. 그러나 순수성이 있는 그대로 실현될 수 있다고 생각하는 것은 순수성을 넘어선 순진무구의 가공된 판타지일 뿐이다. 다시 말해 아버지의 눈을 뜨게 하기 위해 공양미 삼백 석에 인당수에 몸을 던졌다가 일국의 왕비로 하루아침에 변신한 심청이 같은 신데렐라 신드롬 속에는 비록 그것이 판타지라고 할지라도 민중들의 계급계층을 뛰어넘는 순수한 사랑에 대한 열망이 담겨져 있고, 그 열망 또한 고단하기 짝이 없는 삶에 가로놓인 민중들을 다독거리는 위안이라는 점에서 현실의 영역이다.

사랑할 자유 내지 성취 또한 사랑의 순수성과는 별개의 범주이다. 시대와 사회적 환경은 끊임없이 숱한 질곡을 겪으면서 포용과 열림의 방향으로 변화했으며 사랑할 자유, 진정 자신이 원하는 것을 추구할 자유는 적어도 법률과 인습으로부터 해방되어 왔다. 비견한 예로 과거에는 동성(同性)을 사랑하는 것은 사회적 제도와 규범으로서는 도저히 용납할 수 없는 범죄였지만 지금은 소수자의 당당한 권리로 인식되고 있으며, 결혼을 한 사람들의 불륜은 여전히 논란거리가 되고 있지만 그런 논란을 벌일 수 있다는 것 자체가 개인과 개인의 자유에 의미를 두는 세상과 세태의 변화를 실감나게 하는 것이다.

〈순수의 시대〉에서 순수함에 대한 진지한 재고는 30년이라는 시간이 흐른 뒤 세월의 덧없음을 뒤로한 아처의 깨달음이었다.

뉴랜드는 동부 39번가 자신의 서재에서 책상 앞에 앉아 있었다.

그는 메트로폴리탄 박물관의 새 전시관 개관기념 리셉션에서 막 돌아왔는데, 과학적으로 분류된 보물들을 통해 시대적 유행의 흐름을 엿볼 수 있는, 수세기 동안의 전리품이 가득 채워진 드넓은 공간을 보는 순간 녹슨 채 잊혀지고 있던 기억들이 불쑥 되살아났었다.

"이 방은 고대 세스노라 유적이 있던 방이었는데, 왜 그랬지?"

누군가가 이렇게 말하는 소리가 들렸지만 그에게는 목소리의 주인공이 보이지 않았다.

주변 것들이 모두 사라진 기분이었다. 그는 라디에이터 위에 놓여진 딱딱한 가죽 소파에 혼자만 동그마니 앉아 있었고, 긴 물개가죽 코트를 입은 가냘픈 형체 하나가 낡은 박물관의 빈약한 전시물 사이를 가로질러 사라졌다.

기억 속에 남아 있는 그 광경이 그간의 여러 일들을 거미줄처럼 엮어서 의식 바깥으로 끄집어내자, 그는 아주 새로운 시각으로 서재를 둘러보게 되었다.

시간의 흐름은 모든 걸 변화시켰다. 그간 놀랍도록 발전한 과학기술문명은 사람들의 일상적 삶을 판이하게 바꿔놓았고, 판에 박힌 틀에 얽매여 사회적 의무에 충실했던 기존 세대들과는 달리 젊은 세대는 새로운 것을 추구하며 열정을 자유롭게 불태울 수 있게 되었다. 아처에게 세월의 흐름은 '늙어감'에 대한 한탄 섞인 자조보다는 인생을 보다 넓고 높게 직관할 수 있는 오히려 긍정성으로 기능한다. 그는 시시각각 새롭게 역동적으로 변해가는 세태에 어쩔 수 없는 괴리감을 느끼지만 신세대의 기질을 유감없이 발휘하는 아들 댈러스와의 적극적인 소통을 찾는 것처럼 변화를 외면하지도 부정하지도 않으며 담담하게 받아들인다. 그러나 그의 정체성은 여전히 지난 젊은 시절의 열정과 욕망에 두고 있으며 그의 '그리움'은 빛바랜

사진첩의 퇴락한 '추억', 현실의 고달픔과 회한을 달래며 어루만지는 쓸쓸한 '기억'이 아니라 현실을 풍부하게 재해석할 수 있는 깨달음과 용기의 모습으로 전환되었다.

특히나 30년 만에 엘렌과 재회하기 위해 파리 곳곳을 거닐면서 그녀의 흔적을 보듬을 때의 설렘은 티치아노의 그림을 보고난 뒤 "난 겨우 쉰일곱이야"라는 독백처럼 삭막함을 벗어던지고 가물가물하기 만한 그 옛날의 환희를 다시 떠올리고만끽하는 계기였다. 결국 그는 엘렌을 만나지 않는다. 간직해야 할 것은 엘렌을 통한 젊은 시절의 자유에 대한 갈망과 의지였다.

미국의 저명한 감독 마틴 스콜세즈는 1993년에 다시 이 〈순수의 시대〉를 영화로 만들어 비평가와 대중들로부터 호평을 얻는다. 이디스 워튼이 소설의 배경으로 삼은 1870년대와 소설을 쓴 1920년대와는 또 다르게 1990년대를 비롯한 오늘날 현대 사회에서는 외형상으로는 개인의 자유, 사랑의 자유가 누구나 인정하는 가치로서 승격되었지만 다른 한 편에서는 적자생존, 약육강식의 자본주의의 폭식은 더욱 탄탄하고 세련되게 최소한의 인간의 고유성마저 먹어치우는 현실에 처하게 되었다. 과연 '인간'과 '인간성'이란 무엇인가라는 시대와 공간을 초월한 근본적인 물음은 현대 사회에서 더욱더 절실한 외침으로 다가선다. 이런 현대인들의 사막 같은 현실은 우리 삶의 갈증을 달래줄 '순수한 사랑'이라는 오아시스를 갈망하게 만든다.

누구나 한 번쯤은 그런 시절이 있었다. 자그마한 몸짓에
도 얼굴을 붉히고 콩당거리는 그 감흥과 여운을 금방이라도
놓칠세라 가슴을 부여잡던 그 투명한 느낌을… '이유'가 없었
지만, '조건'이 없었지만, 시퍼렇게 멍이 들기도 했지만, 쪽빛
바다의 맑고 드넓은 뿌듯함이 한가득 내려앉아 세상의 중심이
된 듯 그 호기에 찬 따뜻한 숨결을…

그런데 언제부터인가 우리는 그 고요한 흥분에서 점점 멀
어져갔다. 결코 내 마음대로, 내가 원하는 대로 움직여주기는
커녕 오히려 윽박지르듯 강요되는 세상살이라는 무게를 지탱
하기가 버거워 '나'를 진정으로 알게 해준 그 찰랑거리는 파문
의 미묘한 감촉을 잃어버렸다. 물론 순수한 감촉만으로 인생
의 험난한 여정을 걸을 수는 없다. 또한 그 파문의 떨림을 잃
어버려야지만 살아남을 수 있다는 걸 절대법칙이라도 된 것인
양 터득하고 타협하며, 체념해야만 했다.

그러나 진흙탕을 포복하고 산을 넘는 듯한 인생사, 세상
사의 고통과 고뇌는 투명한 감촉의 여운이 생생하게 감돌 때
더욱 빛을 발하는 법이다. 삶을 풍부히 이해한다는 건 주어진
현실에 허겁지겁 맹종하는 것이 결코 아닐 것이다. 그것은 앞
서 네루다가 노래했던 것처럼 어둠이 있음에 빛이 있고, 절망
이 있음에 희망이 있으며, 고통이 있음에 기쁨이 있는 삶의 두
얼굴. 사랑의 두 얼굴을 모두 깨우치는 여정이며 '순수'의 진

면목은 바로 그곳에 있는 것이 아닐까. 30년 만에 엘렌과의
해후를 마다하고 밤안개 사이로 발걸음을 옮기던 아처의 마음
속에는 그 생생한 깨우침이 살아 숨쉬고 있었던 것이 아닐까.

" 별들의 바탕은 어둠이 마땅하다

대낮에는 보이지 않는다

지금 대낮인 사람들은

별들이 보이지 않는다

지금 어둠인 사람들에게만

별들이 보인다

지금 어둠인 사람들만

별들을 낳을 수 있다

지금 대낮인 사람들은 어둡다 "

— 정진규의 "별"

〔98대입〕 서울대 논술고사

(가)

"그래서…"

그의 아래쪽에서 한 젊은이의 말소리가 들려왔다.(메피스
토펠레스와 마르타의 장면 내내 모두들 잡담에 열중하고 있었
다.)

"그래서 어떻게 됐는데요?"

"으음, 그녀가 그를 떠났어. 그걸 부인할 사람은 없을 거
야."

"그자가 워낙 난폭했잖아요, 안 그래요?"

젊은 목소리, 그러니까 자기주장을 거리낌 없이 말하는
토레이가 계속 되받았다. 느낌에 그는 조만간 뉴욕 사교계에
서 숙녀들의 우상으로 군림할 게 분명했다.

"그래, 말할 수 없이. 난 그를 니스에서 알았어."

로렌스 리퍼츠가 천천히, 또렷또렷 발음했다. 그의 음성

에선 어쩐지 권위가 느껴졌다.

"중풍으로 반신불수가 됐는데, 세상을 온통 아니꼽게 보는 백인이었지. 얼굴은 미남이었고 눈을 몹시 깜박이더군. 생활에 대해 말하자면 여자 아니면 도자기 수집광이었어. 그 두 가지를 위해선 얼마를 써도 아까워하지 않았으니까. 내가 알기론 그랬어."

잠시 박스에선 웃음소리가 들렸고, 곧 젊은 우상이 말했다.

"그래서요?"

"결국 그녀가 남편의 비서와 달아났지."

"네, 그랬군요."

우상의 고개가 숙여졌다.

"그렇지만 얼마 전에, 아마 몇 달 전일거야. 그녀가 베니스에서 혼자 산다는 소식을 들었어. 로벨 밍고트가 그녀를 데리러 갔었을 거야. 그의 말이 무척 불행하더라더군. 그건 그렇지만 그녀가 오페라에 온 건 참 의외군."

"아마 집에 혼자 있을 수 없을 정도로 불행에 시달리나보죠, 뭐."

젊은 토레이가 배짱 좋게 내뱉은 말은 곧 비웃음을 가져왔다. 그는 얼굴을 붉히며 짐짓 '이중' 표현을 쓴 체했다.

"어쨌든 웰랜드 양이 온 것은 이상한데."

낮은 목소리가 아처를 곁눈질하며 말했다.

"뭐 일종의 선전이겠지. 틀림없이 할머니가 시켰을 거야.

그 노인은 무슨 일이든 서툴게는 안하니까."

레퍼츠가 웃으며 대꾸했다.

(나)

서로 잘 알고 있으며 또 개인적인 유대감으로 결속되어 있는 집단에서는 매우 강력하면서도 눈에 잘 띄지 않는 통제 메커니즘이 일탈자나 일탈할 가능성이 있는 자에게 항상 발휘된다. 그것은 설득, 조롱, 쑥덕공론(gossip), 비난 등의 메커니즘이다.

일정한 시간 동안 진행되는 집단토론의 경우 개인들은 그들이 처음에 지녔던 의견을 수정해서 집단규범이라 할 다수의 의견에 일치시킨다. 그 집단규범이 어떤 성격을 지닐 것인가는 그 집단의 구성원에 달려 있다. 집단역학(group dynamics)의 놀라운 현상이라 할 이 피할 길 없는 의견일치의 압력 밑바닥에는 아마도 어떤 집단에 수용되고 싶어 하는 인간의 깊은 욕망이 놓여져 있을 것이다. 그러한 욕망은 선동가나 여론형성 전문가들이 잘 알고 있는 바와 같이 극히 효과적으로 이용될 수 있다.

조롱과 쑥덕공론은 모든 종류의 1차 집단에서는 사회 통제의 강력한 도구이다. 많은 사회는 조롱을 어린이에 대한 주요 통제수단의 하나로 이용하고 있다. 어린이가 순종하는 것은 벌 받는 것이 무서워서가 아니라 비웃음을 당하지 않기 위해서이다. 대부분의 사람들은 자신이 조롱거리가 되는 경우 몸이 오싹하는 두려움을 경험한다. 또한 쑥덕공론은 사람들이 사회적으로 노출되어 있고 이웃에 의해 감시당할 가능성이 많은 작은 공동체에서 특히 효과적이다. 그러한 공동체에서는 쑥덕공론이 의사소통을 위한 주요 통로의 하나이며 사회 조직을 유지시켜 나가는 데 필수적인 것이다. 조롱과 쑥덕공론 역시 그것의 전달통로에 접근할 수 있는 영리한 사람이라면 누구나 의도적으로 이용할 수 있다.

(다)

　　구체적인 삶의 현장이라는 관점에서 볼 때, 국가나 민족은 물론 지역과 도시까지도 지나치게 크고 추상적인 조직체로 보인다. 사르트르는 오늘의 사회가 '잡히지 않는 전망'을 이룬다고 설명한 바 있다. 즉 오늘날의 사회에서 어떠한 사람이나 집단도 독자성을 갖지 못하고 다른 사람이나 다른 집단과의 관계에 의하여 제약을 받게 되어 있지만, 이 관계의 정확한 포착은 우리 손을 벗어나 계속적으로 도망가게 마련이라는 말이다.

　　우리의 구체적인 삶을 제한하면서도 우리에게 구체적으로 잡히지 않는 현대 사회의 기괴한 조직은 도시에서 잘 나타난다. 문화의 참 생명력이 우리의 구체적인 삶의 향상과 해방과 풍요화에서 온다면, 우리의 문화에 대한 생각도 '잡히지 않는 전망'을 넘어가는 것이라야 한다. 이렇게 생각할 때, 참으로 핵심적인 문화공간은 민족이나 도시보다도 더 작은 집단이어야 할 것처럼 보인다. 즉 우리가 보고 듣고 이야기하는 것이 구체적으로 가능한 집단, 사회학자들이 '대면집단'이라고 부르는 사회 공간이 우리의 문화적 성찰의 대상이 되어야 하는 것이다. 그러면서 문화공간은 하나의 확정된 물리적 구획으로보다는 여러 집단의 유기적인 상호관계 속에 구성되는 것이 아닌가 한다. 그것은 대면집단을 중심으로 하여 한 편으로는 개인적 자아의 내면공간에 이어지고 다른 한 편으로는 지역 또는 도시로 번져나가고 국가나 민족 그리고 세계의 지평으로 둘러싸인다.

소집단이 중요한 것은 그것이 구체적 삶의 공간으로서 구체적 인간관계가 성립할 수 있는 공간이기 때문이다. 이에 대하여 지역이나 도시는 이 소집단에 다양성과 객관성을 부여하는 필수적 요인이 된다. 도시든, 지역이든, 국가든, 이러한 것들은 소집단의 구체성의 원리가 확대될 수 있는 것으로 성립되어야 한다. 그렇게 함으로써만, 우리의 삶을 둘러싸고 있는 테두리는 '잡히지 않는 전망' 또는 제약으로서만 작용하는 조직이기를 그칠 것이다.

〈문제〉 (가) 제시문은 엘렌의 귀향에 따른 뉴욕 사교계의 반응을 보여주는 지문이다. 제시문 (나)와 (다)를 참조하여 그 의미를 분석하고 제시문 (나)와 (다)가 각각 말하고 있는 '1차집단'과 '대면집단'의 발전적 방향을 오늘날 현대 사회가 직면하는 문제에 연관하여 논술하시오.

〔05대입〕**연세대 논술고사**(인문계)

(가)

　그대들에게 묻노라.

　해는 가더라도 반드시 새해가 돌아오고, 밝은 낮은 어두워져 밤이 된다. 그런데 섣달 그믐밤을 지새는 까닭은 무엇인가? 소반에 산초(山椒)를 담고 약주와 안주를 웃어른께 올리고 꽃을 바쳐 새해를 칭송하는 풍습과, 폭죽을 터뜨려 귀신을 쫓아내는 풍습은 그믐밤을 새는 것과 무슨 관련이 있는가? 침향나무를 산처럼 쌓아놓고 불을 붙이는 화산(火山)의 풍습은 언제부터 생긴 것인가? 섣달 그믐밤에 마귀를 쫓아내는 대나(大儺)의 의식은 언제부터 시작되었는가? 함양(咸陽)의 객사에서 주사위로 놀이하던 사람은 누구인가? 여관방 쓸쓸한 등불 아래 잠 못 이룬 사람은 왜 그랬는가? 묵은해를 보내고 새해를 맞이하는 것을 시로 탄식한 사람은 왕안석(王安石)이었고, 도소주(屠蘇酒)를 나이순에 따라 젊은이보다 나중에 마시게 된 서러움을 노래한 사람은 소식(蘇軾)이었다. (…) 사람이

어렸을 때는 새해가 오는 것을 다투어 기뻐하지만, 나이를 먹으면 모두 서글픈 마음을 갖게 되는 것은 무엇 때문인가? 원컨대, 세월이 흘러감을 탄식하는 것에 대한 그대들의 말을 듣고 싶다.　　　　　　　　　— 이명한, 백주집 권20, 문대(問對)

(나)

세상에서 내가 수고하여 이루어놓은 모든 것을 내 뒤에 올 사람에게 물려줄 일을 생각하면, 억울하기 그지없다.[19]

뒤에 올 그 사람이 슬기로운 사람일지, 어리석은 사람일지, 누가 안단 말인가? 그러면서도, 세상에서 내가 수고를 마다하지 않고 지혜를 다해서 이루어놓은 모든 것을, 그에게 물려주어서 맡겨야 하다니, 이 수고도 헛되다.[20]

세상에서 애쓴 모든 수고를 생각해 보니, 내 마음에는 실망뿐이다.[21]

수고는 슬기롭고 똑똑하고 재능 있는 사람이 하는데, 그가 받아야 할 몫을 아무 수고도 하지 않은 다른 사람이 차지하다니, 이 수고 또한 헛되고, 무엇인가 잘못된 것이다.[22]

사람이 세상에서 온갖 수고를 마다하지 않고 속 썩이지만, 무슨 보람이 있단 말인가?[23]

평생에 그가 하는 일이 괴로움과 슬픔뿐이고, 밤에도 그의 마음이 편히 쉬지 못하니, 이 수고 또한 헛된 일이다.

　　　　　　　　　— 성경전서 전도서 2: 18~23

(다)

　　노인, 즉 전성기를 지난 사람의 성격이란 젊은이의 성격과 정반대되는 것들로 이루어져 있는 법이다. 그들은 여러 해를 살았고, 사는 동안 속은 적도 많고 실수도 많이 저질렀으며, 살아온 삶을 돌이켜보면 만사가 뒤죽박죽 별로 만족스럽지 않다. 그 결과 노인들은 그 어떤 것에 대해서도 확신이 없으며 모든 일을 끝까지 수행하지 못한다. 그들은 '생각'은 하지만 '인식'은 하지 못하고, 늘 미적거리다 보니 '아마도', '그럴지도 모른다'는 단서를 달면서 그 어떤 것도 분명하게 주장하지 않는다. 노인들은 냉소적이다. 다시 말해서 모든 일의 가장 나쁜 점만을 보는 것이다. 게다가 노인들의 인생경험은 남들을 믿지 못하게 하고, 남을 못 믿으니 의심이 많다. 따라서 그들은 열렬히 사랑하지도 심하게 증오하지도 않으며, 편견이 이끄는 대로 언젠가는 증오할 것처럼 사랑하며 언젠가는 사랑할 것처럼 증오한다. 노인들은 인생살이 앞에 무릎을 꿇었기에 속이 좁고, 그들의 욕망은 그저 그들을 살아남게 하는 것보다 더 고매하거나 더 비범한 것을 겨냥하는 법이 없다. 노인들에게 돈은 꼭 갖고 있어야 하는 것이고 돈이란 것이 얼마나 벌기 어렵고 써버리기 쉬운지를 경험을 통해 깨달았기 때문에, 이들은 돈에 관한 한 인색하다. 노인들은 겁쟁이들이고 늘 미리 걱정하며 산다. 혈기왕성한 젊은이들과는 달리 그들의 기질은 차디차다. 노년이 비겁함에 이르는 길을 열어주니, 이들은 두려움으로 차갑게 얼어 있는 것이다. 노인들은 삶을 사랑한다. 모든 욕망의 대상이란 갖고 있지 않은 것이기 마련이고, 우리는 우리에게 가장 절박하게 필요한 것들을 갈구하는 바, 노인들은 살 날이 얼마 안 남았기에, 삶을 더욱 사랑하는 것이다.

— 아리스토텔레스 〈수사학〉

(라)

그림 "인간의 세 시기"(1511 – 12)

*인간의 성장과정을 묘사한 이탈리아 화가 티치아노(1488-1576)의 작품입니다. 실제 문제에는 그림이 나와 있습니다. 본책에는 저작권 문제로 실지 않았습니다.

(마)

나는 꿈에 지친 사람,
시냇물에 잠겨 비바람에 시달려온
대리석 트리톤.*

하루 종일 나는
이 여인의 아름다움을 바라본다.
책에서 미인 그림을 발견한 듯

---

* 그리스 신화에 나오는 해신(海神). 흔히 반인반어(半人半魚)로 묘사됨.

눈을 맘껏 즐겁게 하며

아니면 가려듣는 귀까지도 즐겁게,

그저 지혜로움에 만족한다.

왜냐하면 사람은 나이 들면 철이 드는 법.

하지만, 하지만,

이것이 내 꿈인가, 아니면 진실인가?

아, 들끓는 젊음이 내게 있었을 때

우리가 만났었다면!

그러나 나는 꿈에 잠겨 늙어가네,

시냇물에 잠겨 비바람에 시달려온

대리석 트리톤처럼.

— W. B. 예이츠 "나이 들면 철이 드는 법"

〈문제〉 다음 제시문에 담긴 '세월이 흘러감'에 대한 생각을 '욕망'과 연관시켜 분석하고 자신의 의견을 논술하시오.

다락원 논술노트 011

순수의 시대

펴낸이 정효섭
펴낸곳 (주)다락원

초판 1쇄 인쇄 2006년 11월 10일
초판 1쇄 발행 2006년 11월 15일

책임편집 안창열, 김지영
디자인 손혜정, 박은진
번역 오성환
삽화 손창복

다락원 경기도 파주시 교하읍 문발리 509-1
Tel:(02)736-2031 Fax:(02)732-2037
(내용문의: 내선 520/구입문의: 내선 113~114)
출판등록 1977년 9월 16일 제300-1977-23호

Copyright ⓒ 2006, 다락원

출판사의 허락 없이 이 책의 일부 또는 전부를
무단 복제·전재·발췌할 수 없습니다.
잘못된 책은 바꿔 드립니다.

값 8,500원

ISBN 89-5995-126-9 43740
　　　978-89-5995-126-0 43740

패턴 따라 쉽게 쓰는 틴틴 영어일기 1, 2

❶ 일상생활 패턴정복
❷ 학교생활 패턴정복

중학교에 다니는 여학생과 남학생이 각각 일상생활과 학교생활을 중심으로 1년간의 일을 쉽고 재미있게 쓴 영어일기. 중학생이라면 누구나 한번쯤 겪어봤을 만한 일들을 바탕으로 한 다양한 일기 소재와 어휘가 제공되어 있기 때문에, 영어일기를 통해 영작을 연습하려는 학습자에게 큰 도움이 될 수 있는 교재이다. 중·고생뿐만 아니라, 중학 영어를 미리 예습하려는 예비 중학생들에게도 아주 효과적인 영어 학습서로 강추!

☐ 정미선 지음 / 4·6배 변형 / 192면
☐ 정가 10,000원 (오디오 CD 1개 포함)

Teen Teen Diary (전3권)

❶ 매일 10단어로 뚝딱 중학생 영어일기

중1 수준의 어휘와 문장으로, 영어일기와 일상회화에 대한 감각을 익힌다.

☐ 정미선 지음 / 신국판 / 144면
☐ 정가 7,500원 (테이프 1개 포함)

❷ 매일 5문장으로 술술 중학생 영어일기

중2 수준의 어휘와 문장으로, 영어일기에 친숙해지고 자신감을 쌓는다.

☐ 정미선 지음 / 신국판 / 152면
☐ 정가 7,500원 (테이프 1개 포함)

❸ 매일 내맘대로 쓱싹 중학생 영어일기

중3 수준의 어휘와 문장으로, 중학영어를 마스터하고 미국의 일상회화에 익숙해진다.

☐ 정미선 지음 / 신국판 / 144면
☐ 정가 7,500원 (테이프 1개 포함)

지니의 미국생활 영어일기 Hello! America (전2권)

❶ 가을학기 ❷ 봄학기

어느 한국 여학생의 미국생활 이야기를 일기 형식으로 담은 책. 1권은 '가을학기', 2권은 '봄학기'편으로, 총 1년간의 미국 학교생활 및 일상생활에 관한 흥미로운 이야기들이 담겨 있다. 미국 학생들의 실생활을 바탕으로 한 탄탄한 스토리로 살아 있는 현지 영어와 미국문화를 체험할 수 있을 뿐만 아니라, 영어 독해 및 영작 연습을 할 수 있는 아주 유용한 교재이다.

☐ 이지현 지음 / 국배판 변형 / 152면
☐ 정가 8,500원

〈행복한 명작 읽기〉는 기초가 약한 영어 초급자나 초, 중, 고 학생들이 보다 즐겁고 효과적으로 명작들을 읽으며 독해력을 키울 수 있도록 개발된 **독해력 증강 프로그램**입니다.

책의 특징

1 골라 읽는 재미가 있다. 초보자를 위한 350단어 수준에서 중고급자를 위한 1,000단어 수준까지 5단계 구성.

2 단계별로 효과적인 영어 읽기 요령과 영문 고유의 참맛을 느낄 수 있는 장치가 곳곳에.

3 읽기만 해도 영어의 키가 쑥쑥 - 해석을 돕는 돼지꼬리(◌), 영어표현 및 문법 설명, 퀴즈가 왕창.

4 체계적인 듣기 학습까지. 전문 미국 성우들의 생동감 넘치는 원음을 담은 오디오 CD 제공.

✖ 왕초보 기초다지기 ✖

쉬운 영문을 통해 영어 독해에 대한 막연한 두려움을 없앤다.

Grade 1 Beginner
350 words

1 미녀와 야수
2 인어공주
3 크리스마스 이야기
4 성냥팔이 소녀 외
5 성경 이야기 1
6 신데렐라
7 정글북
8 하이디
9 아라비안 나이트
10 톰 아저씨의 오두막

Grade 2 Elementary
450 words

11 이솝 이야기
12 큰 바위 얼굴
13 빨간머리 앤
14 플랜더스의 개
15 키다리 아저씨
16 성경 이야기 2
17 피터팬
18 행복한 왕자 외
19 몬테크리스토 백작
20 별 | 마지막 수업

국판 | Grade 1, 2, 3 각권 6,000원
(오디오 CD 1개 포함)

Grade 4, 5 각권 7,000원
(오디오 CD 1개 포함)

*어린왕자 8,000원
(오디오 CD 2개 포함)

**고도를 기다리며 9,000원
(오디오 CD 2개 포함)

Response Notes
(독자의 공간)
영문을 읽어나가다
궁금한 점, 기억해 두어야
할 점을 메모한다.

해석 도우미
(일명 '돼지꼬리')
꼬리 끝에 해석을 돕는
힌트가 꽂혀 있다.

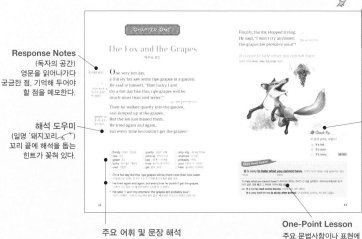

CHAPTER ONE

The Fox and the Grapes
여우와 포도

One very hot day,
a thirsty fox saw some ripe grapes in a garden.
He said to himself, "How lucky I am!
On a hot day like this, ripe grapes will be
much nicer than cool water."

Then he walked quietly into the garden,
and jumped up at the grapes.
But the fox just missed them.
He tried again and again,
but every time he couldn't get the grapes.

thirsty 목마른 갈증이 · quietly 조용히, 살짝 · stop -ing -하는 것을 멈추다
ripe 익은 · jump up 뛰어오르다 · anymore 더 이상
grape 포도 · just 방금, 막 · probably 아마도
lucky 운이 좋은 행운의 · miss 놓치다 빗나가다 · sour 신맛이 나, 시큼한
cool 시원한 · get 얻다 잡다 · hate 싫어하다 미워하다

On a hot day like this, ripe grapes will be much nicer than cool water.
이글거리는 날씨엔 잘 익은 포도가 아마도 시원한 물보다 훨씬 좋을 거야.

He tried again and again, but every time he couldn't get the grapes.
여우는 계속해서 시도해 봤지만, 매번 포도를 잡을 수가 없었다.

He said, "I won't try anymore; the grapes are probably sour!"
여우는 말했다. "더 이상 안해! 저 포도는 아마도 실게 분명해!"

12

Finally, the fox stopped trying.
He said, "I won't try anymore;
the grapes are probably sour!"
결국 여우는 포기했다

결국 시도하는 것을 멈추고 여우가 말하길 그 포도는 아마도 실 거라고 했다.
여우는 더이상 시도하지 않았고 포도가 아마도 실 거라고 했다.

 Check-Up
내 답의 번호는 어때요?
It's hot
It's cool
It's rainy.

Check-Up
내용 파악이
잘 되었는지 확인.

One-Point Lesson

It is many to hate what you cannot have.

To hate what you cannot have란 하지못하는 것들을, 원하지 못한 것들을 싫어한다는 뜻이다.
It is fun to read comic books.
It is very hard for me to study after school.

One-Point Lesson
주요 문법사항이나 표현에
대한 심층 분석 코너.

13

주요 어휘 및 문장 해석

콕콕 찍어 들려주는 명작 리스닝 시리즈 [전20권]

세계 명작소설을 쉽게 고쳐 쓴 중·고생용 학습 교재. 독해와 함께 청취력 향상을 위해 전 내용을 녹음하고, 매 페이지에 리스닝 포인트를 두어 한국인이 듣기 어려운 부분은 또박또박한 발음으로 반복해 들려준다. 권말에는 영어듣기 테스트를 수록해, 입시에서 점점 비중이 높아지는 듣기시험에 대비하도록 했다.

□ 각 권 4·6판/140면 내외
□ 정가: 각 권 5,800원 (테이프 2개 포함)